年収が
10倍になる！

すごい読書法

山本直人
Naoto Yamamoto

明日香出版社

はじめに

――「利益思考」で読書せよ！

私は普段、企業向けの研修講師やコンサルティングの仕事をしています。営業やマネジメントなどのテーマを中心に、12年間で2000回以上の研修を行い、受講生2万人以上の人材育成に携わってきました。

そうした研修の中でよく聞かれるのが、「どんな本を読んだらいいですか」「おすすめの本はありますか」といった質問です。

もちろんこうした質問に答えることは簡単ですが、私はいつもやるせない思いを抱いていました。

というのも、自己成長のために本当に必要なのは、「何を読むか」よりも、「読書をいかに行動と成果につなげるか」だと考えているからです。

私はこれまでにおよそ2000冊以上の本を読んできましたが、その中でも「役に立つ読書」と「役に立たない読書」があったと感じています。

例えば20代前半の頃は仕事でそれほど多くの成果を上げることができなかったので、自分の課題に合わせて、ビジネススキルや営業、コミュニケーション、マネジメントといった具体性の高い本を読んでいました。

30代以降は研修講師、コンサルタントの仕事がメインになったので、経営、教育、人材育成関連の本を読み、業務に合わせてインプットを続けてきました。

同時にさらに高いレベルを求め、心理学や社会学といった専門性の高い本のほか、哲学、仏教といった、人としてのあり方を問いなおすような本も読むようになりました。

自分自身が読書を通じて成長できたこと、そして現在も成長していることは間違いないと確信しています。

ただし、これまでの読書の経験がすべて成果や成長につながったかというと、そうではありませんでした。本で得た深い感動や気づきをすぐに忘れてしまったり、学んでも実践につなげられなかったりしたことは数知れません。

特に20代のころは、読書さえすれば知的になり、成果が出せるようになると妄信し、速読を学んで月に数十冊の本を多読していた時期もありました。

しかし今振り返ってみると、そのとき読んでいた本の内容はほとんど覚えておらず、ましてや実践もできていませんでした。

では、自分の成長や成果につながる読書と、そうならない読書との違いはどこにあるのでしょうか。

私自身のことを振り返ると、「正しい目的を持っていたかどうか」にその違いがありそうだとわかりました。

成果や成長につながるときには「仕事や実生活で何を達成したいのか、そのために何が必要なのか」という目的や課題を設定し、その視点で本を選んでいたのです。また、得られた学びを実践し、成長につなげることができていたことも見逃せません。

一方で、成果につながらなかったときは、知識を習得すること、楽しい気持ちになることだけが目的になっていたと感じています。こうした場合は、読んで満足しただけで終わっていました。

読書法を解説した多くの本や速読セミナーでは、大半が「効率的に読書をしましょう」「読書後に行動・アウトプットしましょう」と言います。

一方で、読書の「目的」について、とやかく言うことはほとんどないでしょう。

皆さんの中でも、読書の目的を「知識やスキルを高めること」「情報収集のため」と考えている方が少なくないと思います。しかし、これではなかなか成果が上がらないのです。

ビジネスの重要な目的のひとつが「利益を上げること」なのは論を待ちません。つまり、「利益向上」という最終目的にフォーカスした学びや成長でなければ、読書に投じたお金と時間は無駄になってしまうとさえ言えるわけです。

だからこそ本書では、「読書からの学びを自分自身の収入に変えていく」という目的にフォーカスして、解説していきます。

「利益」につなげるために、いかに学びを行動に変えていくか、その行動方法に徹底してフォーカスしなければ、読書を収入という成果に変えることはできないからです。

もっとも、読書のすべてが直接収入につながるわけではありません。

とはいえ、本から得た学びを行動に変えて、成果を出し、収入に転換することは十分に可能なのも事実です。

実際に、私は独立後に年収を10倍以上に高めることができました。その要因のすべてが読書によるものとは限りませんが、大きく貢献したのは間違いありません。

本書では、収入を上げる戦略と読書によるインプットをどのようにつなげて展開していくべきなのか、その効果的な方法をお伝えします。

具体的に第1章では、一般的な読書における問題点を「7つの壁」として紹介します。なぜ読書が成果につながらないのか、その原因を詳しく見ていきます。

第2章では、ビジネスの成果につながる読書テーマの設定方法を提示し、読書の方向性を定めていきます。

そして第3章から第5章にわたって、読書を時系列に
・読書前に学習効果を上げるための問いの設定
・読書中にインプットしたことを言語化する
・読書後は行動を明確化する
と分け、実践できるように思考と行動の方法を示します。
最後の第6章では、私が独自にやっている様々な読書法を紹介します。

ぜひ皆さんに、読書に対する思考や前後の行動に変革をもたらす知識を提供できればと思います。その上で、自分に合った読書法を確立していただけることを期待しています。

山本直人

年収が10倍になる！ すごい読書法

目次

第1章

読書が収入に変わる前に立ちはだかる7つの壁

第2章

成果に直結する「読書テーマ」の設定方法

第3章

読書の質を高める「学習目標設定力」

第4章

読書の学びを定着させる「言語化力」

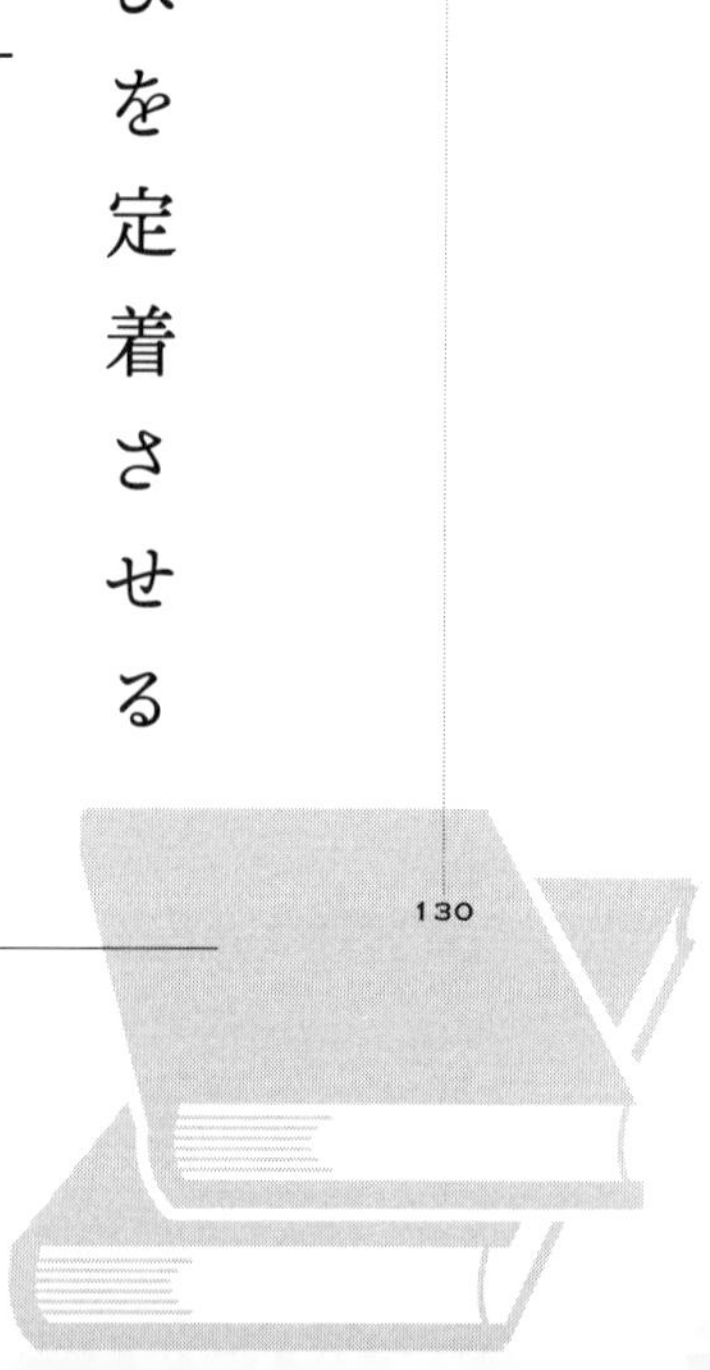

第5章

読書の学びを実践に変える「行動力」

第6章

今すぐ使える読書テクニック

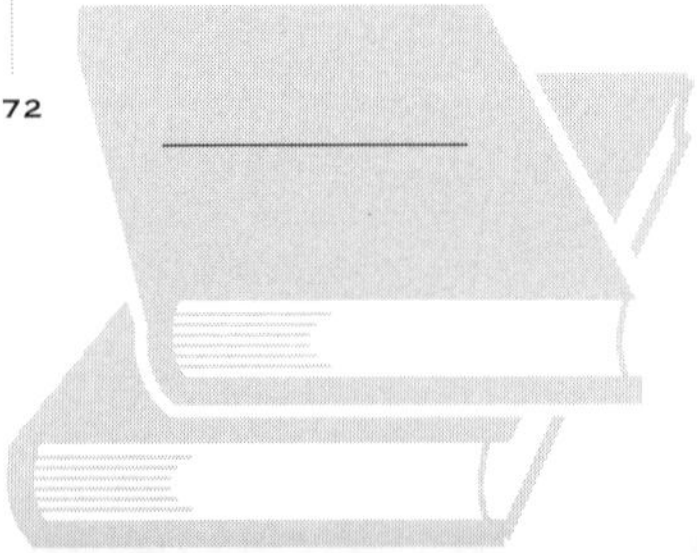

第7章

年収10倍を目指す必須図書20選

おわりに
——学びに終わりはない

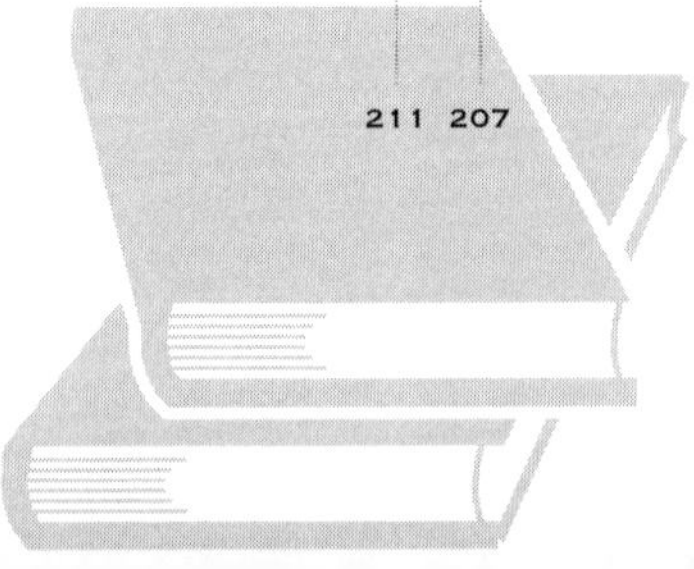

カバーデザイン　小口翔平＋奈良岡菜摘（tobufune）

序章

読書に必要な「利益思考」

利益思考とは何か

読書には、人を変える力があります。

新しい知識を提供し、深い気づきや学びを与え、時には感動が生まれることもある。それが読書の醍醐味でしょう。

なかでも本書のような〝ビジネス書〟は、仕事や収入に及ぼす影響が強く、著者から考え方やノウハウを吸収して、自分の成長に直接的につなげることができます。ビジネス書は、とても実用的なジャンルと言えるのです。

一方で、読書にありがちなのが、「買って満足」「読んで満足」で終わることです。皆さんも思いあたる節があるのではないでしょうか。

もちろん娯楽や趣味としての読書はそれで何の問題もありませんが、ことビジネス書においては、「買って（読んで）満足」しただけでは一向に成果を生み出すことができません。実際に成果を出すためには「学んだことをビジネスの現場で実践する」ことが必要不可欠だからです。

仮に「もっと多くの本を読んで、成長したい」と思っていても、読書の〝活用法〟を変えない限り成長することはないのです。

では、どのように読書のやり方を変えればいいのでしょうか。

そこで大事になるのが、〝利益思考〟という考え方です。

利益思考とは、「常に自分の思考や行動をビジネス的な利益と結びつけて考えること」と定義します。

では皆さんは、〝利益思考〟をもって、すなわち、ビジネス的な利益と結びつけて読書に取り組んでいるでしょうか？

読書に利益思考を取り入れる

そもそもビジネス書を手に取る際には、「スキルを上げて、結果として収入を上げたい」といった明確な「目的」があることが多いものです。そういう意味では、ビジネス書を手に取ろうとした時点で〝利益思考〟をある程度前提に行動しているとも言えそうです。

とはいえ、本をどのように読み、活用すれば年収アップにつなげることができるのか、そのプロセスはなかなか描きにくく、見えにくいものです。

そこで本書では、読書から収益につながるまでのプロセスを細かく分析し、収益の観点からビジネスの成果を最大化するための読書法をお届けします。

本書のメインテーマは、「読書に対する思考・姿勢を根本から〝利益思考〟にバージョンアップしていく」ことです。

一般的な読書の解説書は、「本をできるだけ早く、たくさん読むためにはどうしたらいいか」や「学んだことを忘れないためにはどうしたらいいか」といったことを解説したものが多い印象です。

たしかに効率よく多くの本を読むことは大切で、知識量を増やすことも必要でしょう。

しかしそうした学びだけでは、ビジネスで十分に成果を出すことはできません。

大事なのは読書の〝前〟と〝後〟

この本を手に取ったあなたは、「本はたくさん読んだけれどスキルアップや収入アップにつながっていない」といった課題を持っているのではないでしょうか。

本を読んで勉強はしている、もっと効率的に読めるように速読の勉強もしている、それなのに一向に成果につながらない……。

一体それはなぜなのでしょうか。

そうした人に不足しているのは、読書を成果につなげるための地道で精緻な作業です。

具体的には、読書から収入アップまでの過程やそこで出てくる課題を把握し、その課題（壁）を乗り越えていくためのノウハウを指します。

そもそも私は、**「自己成長やビジネスの成果向上の本質は読書中ではなく、読書の前と後にある」**と考えています。

つまり、本を読み始める前に**「何を考えて読書を始めればいいのか」「どんな本を読むことで成果につながるのか」**というポイントを押さえることが非常に重要になってくるわけです。

さらに読書で得た知識が収入アップまでどのようにつながっていて、**学んだことをどう実践で活用すれば効果的なのか**を明確にすることも大切です。

本書ではこうした読書のやり方を、ご自身の収入アップに着目してお伝えできればと思います。

その上で、どのような読み方をすると自分の頭の中に知識が入ってくるのか、目的に沿った情報を得ることができるのかをご紹介していきます。

行動し継続する、1%の人になる！

これまでも「読書の後に行動を起こすことが重要である」といったことはよく言われてきました。しかし、本当に行動を起こした人は少ないのではないでしょうか。**研修で何かを学んだ後に行動を起こす人は10%以下**とされています。さらに**継続までできる人は1%程度**とも言われます。

その1%の人物になるためには、決断や計画、検証などのプロセスをしっかり押さえないといけません。そのポイントを押さえないままで行動を起こそうとしてもなかなか実践できないからです。

ぜひ皆さんには、成果にも収入にもつながらない読書から脱却するための視点と方法を身につけていただきたいと思います。

第1章

読書が収入に変わる前に立ちはだかる7つの壁

読書が仕事の成果や収入、そして自己成長になかなかつながっていない、という課題をお持ちの方は少なくないでしょう。

では、どうすれば読書を有意義なものにして、仕事の成果や収入アップにつなげることができるのかお伝えします。

読書をしてから、収入アップという成果につながるまでには、大きく7つの壁が存在します。

この壁を1つひとつクリアしていかなければ、収入アップという果実を得るまでに至らないのです。

ご自身がどこでつまづいているか、どの部分に課題がありそうか、振り返りながらチェックしてみてください。

〈壁・その1〉収入アップに対する課題が不明確

自分の収入を上げるためには、まず今の自分が何を必要としているのか、どんな知識が必要かを知る必要があります。何よりもはじめに、**「収入アップに対する課題」の明確化**が必要なのです。そうでないと、読書のテーマが、今の自分の求めている知識やレベル感とずれ、チグハグになってしまうからです。

そもそも皆さんは読書をするときに、

・自分はどこを目指しているのか

- **どこに向かっているのか**
- **そこへ至るにあたって、現在不足しているものは何か**

といったことを明確にしているでしょうか？

多くの人はこうした「課題」や「目的」が不明確なまま読書をしていることが少ないようです。

自分の強みと弱みがわかっていない

自分が伸ばすべきポイントや課題を明確にするために必要なのが、自分の強みと弱みを理解することです。

あなたのどこに強みがあり、どこに弱み（課題）があるのか、それを理解できて

いないと、どの本を読めば成果につながるか、そのポイントが見えてきません。

例えば、

- **コミュニケーションスキルが低い**
- **論理的な思考力が足りない**
- **お金に関する知識が全くない**
- **以前から消極的な性格だ**
- **継続して実践するのが苦手だ**
- **モチベーションが上がらない**

といった悩みを持っている方がいるかもしれません。

こうした悩みや課題をまずは明確にする必要があります。

「何が今の自分に必要なのか」ということを明確に理解しないまま読書のテーマを決めることは、至難の業です。

この自己分析の段階で読書のテーマがずれていると、読書で有益な情報を得たとしても、また仮にその内容を実践できたとしても、なかなか成長にはつながりません。なぜなら意識的に読書をしていないからです。

まずは「自分自身にとって何が必要なのか」をじっくり考える必要があります。

本はとにかくたくさん読めばいいというわけではありません。

自分の強みや弱みをベースに、自分に本当に合う本やテーマを見つけて読むことが大切です。

外部環境の把握ができていない

自分が周りから何を期待されているのか、今いる業界がどのような状況になっているのか、それを知らないままで流行りのビジネス書を読んでも、収入にはつながりません。


ここで仮に、あなたは小売業界で働いているとしましょう。

業界の今後をどう展望するのか、自社の店舗や商品サービスの位置づけがどのように変わっていくのか、そのような見通しや仮説がないままで本を選び、成果につなげることはなかなか難しいものです。

例えば、オンライン化や消費者ニーズの多様化、ビジネスモデルの変化などの様々な観点から、今後訪れる変化について理解しないと効果的なインプットはできないでしょう。

このように、外部環境を理解することは、自分の課題を分析し、設定するときに非常に重要なポイントです。

もし短期間で収入を上げたいと思ったら、ボーナスや給与をアップさせるために、会社や上司の期待に応えられるはっきりとした成果を出すことが求められます。

では、その「目的」のために、今必要なことは何でしょうか。

目的から逆算すると、

- **会社や上司から何を期待されているのか**
- **会社や自部門の役割は何なのか**

という視点で自分の役割を位置づけなければいけないことがわかります。

つまり、**自分を取り巻いている環境を客観的に細かく分析、理解することが必要**なのです。

ビジネスの構造がわかっていない

本書は、読書によって収入を上げていくことがメインテーマです。そのためにはビジネスがどのような構造になっているかを理解しておくことが不可欠です。

例えば、

- **売上を伸ばす仕組み**
- **コストを抑える仕組み**
- **顧客や組織を動かす仕組み**
- **モノやサービス、お金の流れ**

など、いくつも挙げることができます。

こうしたことを踏まえないままビジネスをしても、収益を上げることは非常に難しいでしょう。一方で稼ぐ力を持っている人は、当然こうしたビジネスの構造を十分に理解した上で行動しているものです。

つまり**「何が儲かるのか」「どうすれば稼げるのか」という利益的な観点で課題を明確にしない限り、収入につながる効果的なインプットはできない**ということです。ビジネスモデルや利益思考を踏まえた、課題と読書テーマの設定が求められるわけです。

短期的・中長期的な課題が混在している

今の自分の短期的な目先の課題と、中長期的な課題が同じになるとは限りません。

例えば目先の業務で成果を出していないのにマネジメントや経営のスキルを身につ

けても、足元の結果は伴わないでしょう。

将来のために知識を持っておくことはもちろん必要です。

しかし、**優先されるのは目の前の課題や業務でしっかりと成果を上げることで、そのために必要なものにフォーカスする必要がある**のです。


短期的な課題か、中長期的な課題かを見誤ると、せっかく学んだことが自分自身の成果につながりにくくなってしまいます。

早期に収益を上げたければ、読書のテーマを短期的な課題解決に絞って読むことが必要になります。

ACTION

まずは自分の「本当の課題」を明確にしよう

〈壁・その2〉 本の選び方が間違っている

自分の課題が明確でも、残念ながら本の選定がうまくできるとは限りません。

例えば、コミュニケーションに課題があるとわかった場合に、あなたはどのように本を選ぶでしょうか。

多くの人が、まずはAmazonなどの通販サイトで「コミュニケーション」や「話し方」といったキーワードを検索し、ランキングや評価が高い本を探すのではないでしょうか。または、書評サイトなどで検索し、本を選ぶかもしれません。

こうした探し方をすれば、売れている本がすぐに見つかることでしょう。

ところで、売れている本が自分に適した本かどうかを考えたことはあるでしょうか。

たしかに売れている本は良書であることが多いのですが、だからといって常に今の自分の課題に当てはまっているとは限りません。

つまり、**キーワードで本を検索しても、本の選定がうまくできているとは限らないわけです**。

ランキングや口コミだけで選んではいけない

繰り返しますが、「人気がある本＝自分に合っている本」とは限りません。

多くの人は、「売れている（評価が高い）なら、きっと自分のためになるだろう」と期待して本を手に取りますが、そうやって手に取った本は「ベストセラー本を読んだぞ！」といった満足感を与えるだけで、あまり身にならないものです。

地道なことではありますが、**まずは自分の課題を明確にした上で、その課題に合った本を愚直に選ぶことが大切**なのです。

人から本を薦められた場合も注意が必要です。

上司に「この本を読んだ方がいいよ」と言われた場合、皆さんは素直に読むでしょうか。

もし「薦められたので読んでみよう」と行動を起こすなら、その姿勢は素晴らしいと思います。ただ、自分の課題や知識・経験のレベルとマッチしていないと、読んでも効果が出ないことがあります。

これはネットの口コミも、上司からの推薦も、同じことです。

いずれにしても、本当に必要な知識・情報が手に入らない可能性があるのです。

ACTION

自分の課題に合った本を読もう

〈壁・その3〉本の読み方が間違っている

もしあなたが、自分自身の課題を明確にして、自分に合った本を選んでいるとしましょう。しかし、まだまだ立ちはだかる壁はあります。

それは、「本の読み方」によって生じます。

最初から最後まで全部読む

皆さんは読書をするとき、最初から最後まで丁寧に読もうとしていないでしょうか。

私は、はっきり言って、**本のすべてを読むことは時間の無駄**だと考えています。

効率的に読書をする人は、必要な部分をあらかじめ絞り込んで読んでいます。なぜなら、「その本を読む目的」が明確だからです。つまり、**目的に沿った読み方をするなら、最初から最後まで読む必要はない**、となるわけです。

読む箇所を絞らないと、インプットの生産性は大きく落ちてしまいます。本来の目的と外れた内容を一生懸命読んでも、あまり身になりません。身にならなければ知識として残りませんから、時間の無駄とさえ言えるでしょう。

本はあくまで目的や実践を前提に読み進めていく必要があるのです。

わからないところをわからないままにしておく

本を読んでいると、理解できない内容やわからない単語などが出てくることがあるでしょう。そんなとき、皆さんはどうしているでしょうか。

もしそのままにしておくと、理解が深まらなかったり、その後の内容が頭の中に入ってこなかったりします。しかし、わかってはいても、調べるひと手間を取る人は少ないようです。

そもそも「疑問」を持ったということは、「学びが生まれるチャンス」が訪れたことを意味します。

わからない単語が出てきたらその場で調べる。内容が理解できなければ読み返し、考えなおす。そうした地道な努力をしない限り、理解度は上がりません。

「わからないから仕方がない」と、そのままにしていては、せっかくの読書が台無しになりかねません。

記憶や実践につながるプロセスが描けていない

実際に本を読んで理解しても、記憶に残らなければ意味がありません。また、記憶に残っても実践につながらなければ意味がありません。

理解して、覚えて、そして行動に落とし込む。

この導線が完成できていないと、せっかく投資した時間が無駄になってしまいます。

どれだけ読書法を学んでいても、成長につながる全体像が見えていない限り、収入や成果につなげることは難しくなってきます。

読んだことをいかに実践に落とし込むか。常にそのことを考えるようにしてください。

読書の計画が立てられていない

「積《つ》ん読《どく》」という言葉があります。これは「買った本を、読まずに机や本棚にただ積み上げていく」という状況を指します。

積ん読は、本を購入した瞬間に一定の満足感が得られることで起こる現象ではないかと私は考えています。つまり、「買って満足」してしまい、そこである種の目的は達せられてしまった状況なわけです。

もちろん本来の目的は違ったはずです。

読んで自分の知識にして、それが実践できれば、と期待して購入したはずです。でも時間が経つにつれてそうした思いは薄れ、読むこと自体が面倒になってしまうことすらあります。

収入につながる読書をするためには、自分の成果が出るまでモチベーションを維持し続けることが求められます。

そのためには**購入した本を何のために買うのか、いつ読むか、そしてその本から学んだことをいつ実践するのか**、それらを明確にしなければなりません。

「読書する計画を立てること」は、本の内容を活かしてビジネスで成果を上げるためにも、ないがしろにしてはいけないのです。

ACTION

最初から最後まで「すべて」を読むことは止めよう

〈壁・その4〉 得られた知識・情報を整理できていない

本で学んだことを実践につなげるためにまず必要なのが、**読んだ内容を覚え、理解すること**でしょう。

アンダーラインをたくさん引いたり付箋を貼ったりして、少しでも記憶に定着させようと努力をしている方も多いと思います。

皆さんは読書中に学びがあった場合、記憶への定着のためにどんな工夫をしているでしょうか。

・気になったところ、重要な部分、共感したことすべてに線を引く

・ノートにメモをする
・本に書き込む
・パソコンにメモをする
・Kindleのハイライト機能を使う
・画像のキャプチャを撮って保存する

きっとどれかは当てはまるのではないでしょうか。

これらのやり方は、記憶の定着に一定の効果があるのは確かです。

とはいえ、学んだ内容を覚えているだけでは意味がなく、自分の言葉で説明し、行動に転換していく必要があります。


ところで、もう一度右記の方法を見ながらよくよく考えてみると、こうしたやり方は、記憶の助けにはなっても、実践につなげるためのツールではないことに気づきます。

そもそも「学び」とは、他人の言葉ではなく、自分の言葉や経験で深まっていくものです。

つまり、本で読んだ経営者の名言をしっかり覚えたとしても、その意図や文脈、背景を深く理解し、**自分の経験と結びつけられていなければ、得た知識はただの言葉の記憶として残るだけ**なのです。


また最近の本は特に、要点が読みやすくまとまっていたり、図解を交えて記載されたりしているので、効率的に知識や情報を得ることが可能です。

一方で、それだけ簡単に学ぶことができるよう配慮されていることから、インプットが過多になりがちで、往々にして知識を消化・咀嚼できないままになっていることも少なくありません。


そこで必要になるのが、**知識や情報の「蓄積」から「整理」への移行**です。

大事なところをマーキングして記憶したら、次にそこで得た知識を自分の中で「整理」することが必要になるのです。

そもそも実践や行動に変えられない人は、知識や情報の収集、蓄積で満足していることが非常に多いと感じています。そのままでは、自分の中で咀嚼ができていないことになるため、成長や成果につなげることができないのは当然のことです。

知識量を増やすのみでは「頭でっかち」「ノウハウコレクター」と呼ばれるだけです。

そうした状況から脱却するためには、知識を活用できる状態に変えていくしかありません。

得た知識を整理して、**自分の言葉で再言語化する**必要があります。自分の言葉で記載しなおすと、記憶に残りやすくなるのはもちろん、仕事での実践につなげやすくなるからです。

言語化には「要約としての抽象化」と「行動への具体化」の2つの段階があります。着実に行う方法については、第4章で詳しくご説明します。

ACTION

知識の蓄積で終わらせず、自分の言葉で「整理」をしよう

〈壁・その5〉　学びを行動に変えることができない

これまで繰り返した通り、どれだけたくさんの知識が得られても、実践できなければ意味がありません。

では、行動できない理由は何なのでしょうか。

そもそも「本で学んだ内容を忘れてしまっている」ということも考えられますが、私は「学んだことを意識できていない」という方が理由の本質に近いと考えています。情報を一度取り入れて、どれだけ感動したとしても、反復しなければ人は忘れてしまいますし、意識することができません。

特に今までの生活習慣、仕事のやり方を変えたいと思う場合は、まず明確な「学び」

と「気づき」、そしてそれを実践するための**「行動の具体化」**が必要です。

さらに、その具体化した内容を「絶対に行動に移す」という覚悟も求められます。

とりわけ大事なのが「行動をどのように変えていくのか」という点です。この「行動の具体化」がないと、知識があっても何も変わらないからです。

本を読むことは必ず学びにつながります。それを本当の意味での成果に変えるためには「行動までの壁をどのように乗り越えるか」という点が重要なのです。

後ほど紹介しますが、知識を行動に変化させるためにはマインドセットが必要です。自分のマインドをどう変えていったらいいのか、自分なりのやり方を本書で見いだしてください。

ACTION

「どう行動を変えていくのか」を明確にしよう

〈壁・その6〉 実践の結果を振り返ることができていない

行動を明確にし、実践したとしても常に成果につながるとは限りません。

そこで大事になるのが、**実践した後に自分の行動を振り返り、検証すること**です。

計画し、実行し、検証して、改善する一連の流れは、一般に「ＰＤＣＡサイクル」と言われます。

この言葉はご存知の方も多いでしょう。しかし、読書においてＰＤＣＡサイクルを実践している人は少ないのではないでしょうか。

読書は本来「自分の目的を明確にして、時間を投資する」学習方法です。

つまり投資した時間を成果として回収するためには、読書におけるＰＤＣＡサイクルをしっかりと回す必要があるわけです。

読書後に何かを実践したら、

・何がどれくらい実践できたのか
・どれくらいの成果が出たのか
・実践できなかったり、成果が出なかったりした場合は何が問題だったのか

といった視点で振り返ることが必要です。
また、首尾よく成果が出たとしても、次のような振り返りが必要です。

・どのような実践が成果につながったのか
・実践のもとになったのは、どの本のどの内容から得た学びか

■読書の習慣と PDCA

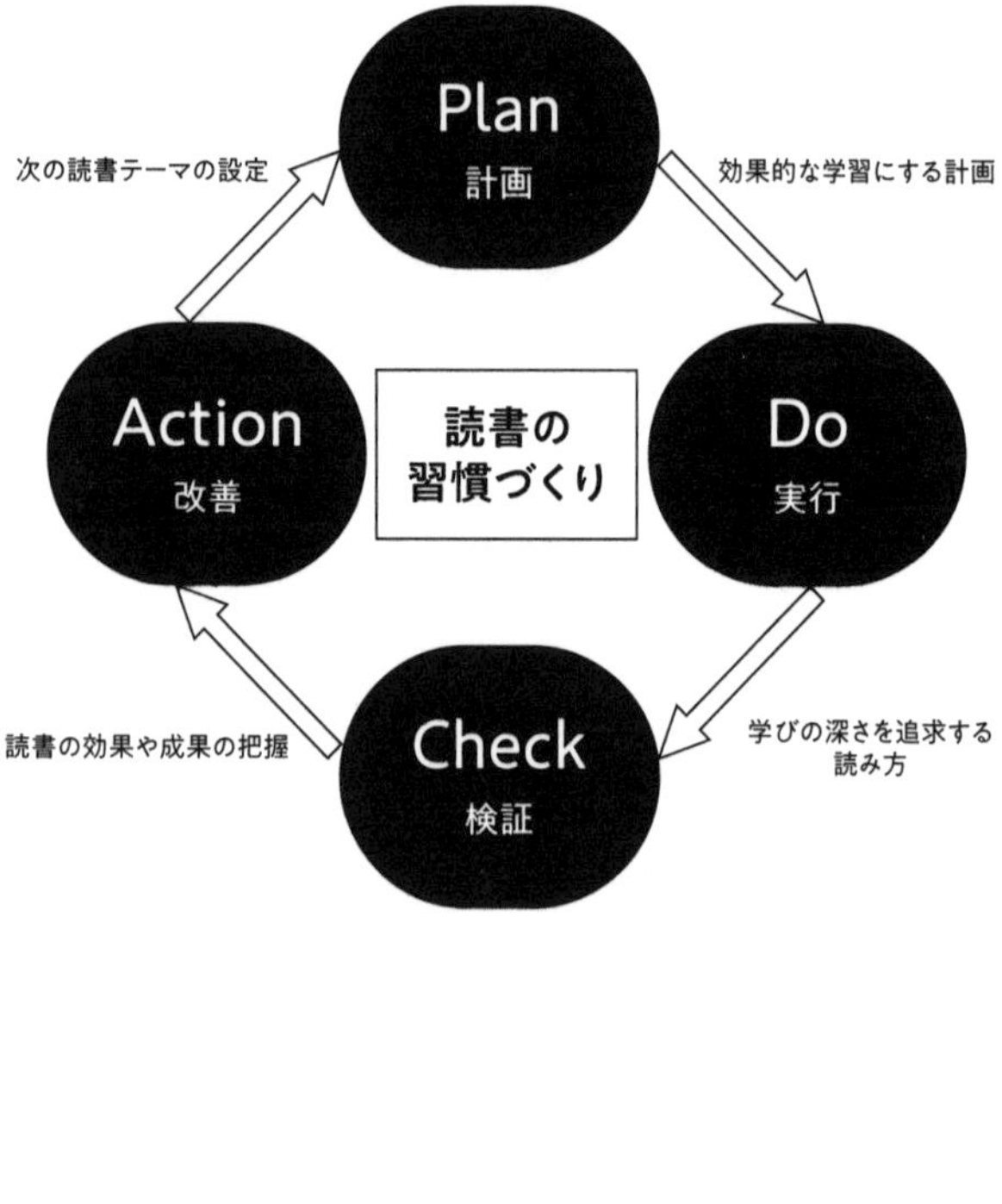
Plan
計画
効果的な学習にする計画
Do
実行
学びの深さを追求する
読み方
Check
検証
読書の効果や成果の把握
Action
改善
次の読書テーマの設定
読書の
習慣づくり

このレベルまで振り返っている人はほとんどいないでしょう。

しかし読書の効果が本当を実感するためには、この**読んだ内容まで遡って振り返ること**が必要なのです。

検証をすれば読書の効果を実感でき、継続して学びを得ようというモチベーションにもつながります。

ぜひ読書においても、意識的にＰＤＣＡサイクルを回していただきたいと思います。

ACTION

読書でも必ずＰＤＣＡを回そう

〈壁・その7〉次の課題を設定できていない

成果が出ないときには「自分に何が足りなかったのか」を検証し、課題を明確にすることが重要です。

読書の場合は、

- 学びの量が少なかったのか
- 内容の解釈が間違っていたのか
- 自分の行動や計画が間違っていたのか

- **行動の進め方やタイミングに問題があったのか**
- **より高い成果を出すことが可能なのではないか**

といった観点で振り返っていくと、新しい課題を見つけることができます。

同じ課題や問題が繰り返し起こっていたら、それが本当に必要なテーマかもしれません。

例えば、「行動計画を細かく設定しているが、やり切ったことがない」という問題を繰り返している場合は、「やるべきことが多すぎる」と気づけるはずです。

そこで、次にどうしたらいいかを考えます。ここでは、「どのようにしてやるべきことを絞り込むか」という課題を見いだすことができそうです。

次に読む本のテーマにその課題の解決策を設定すると、読書の質をより高めることができるというわけです。

もし十分な成果が出たときには、もう一段階高いレベルを目指す必要があります。

その際には、

- **2倍の成果を上げるためには何が必要なのか**
- **今後、周囲から何を求められるのか**
- **短い時間で成果を出すためには何が必要なのか**

といった形で新しい課題を発見し、新たな目標を設定します。

このように、中長期的な目線で読書を続けることが、自分自身のレベル向上にもつながっていきます。

自分の成果や課題に合わせて、本のレベルも上げていくことが大切なのです。

ACTION

成果が出ない場合は、その理由と課題を明確にしよう

「量の読書」から「質の読書」へ

ここまで、読書の問題点を成果、成長、収入などの観点から「7つの壁」として紹介してきました。ここでは、大事なメッセージをお伝えします。

読むことだけで満足しない

それは、**「読むことだけで満足してはいけません」**ということです。本を読んだことで自己満足しているだけでは実践が伴っていませんし、結果も出ないからです。

本を読んで何かを学んだとき、それだけで人は達成感や満足感をおぼえます。しかし「学び」だけで終わる読書は、本質的には効果がありません。そのような人は「読書」自体が目的になっており、「収入」という成果からは離れているのです。

では、質の高い読書とは何なのでしょうか。

それを本書では、**「最終的に収入につながる成果を出すための読書」**と定義します。

本当の意味での成長は、結果を出して体感することでもたらされます。

たしかに深い学びがあれば、読書としての意味はあったことになります。

しかし、そこから「成果を出す」という目的へとレベルを上げるためには「自分自身がどれだけ成果にこだわって読書をするのか」が求められます。

つまり、読書の捉え方を「学習のための手段」から、**「成果という目的を達成するための方法」**へと変えていくことが、読書の質を高めていくのです。

経験学習モデルとは?

読書の質を高めるために必要なのが「経験学習モデル」の知識です。

このモデルは、David Allen Kolb（デービット・A・コルブ）という組織行動学者が提唱した理論で、「成果や成長のためにはインプット（知識）だけでなく、アウトプット（経験）を通じた学習も必要だ」というものです。

この理論では人の学習を、「具体的経験」「内省的考察」「抽象的概念化」「積極的実践」の4つの段階に分けて定義しています。

このままではわかりにくいので、私なりに少しアレンジして説明しましょう。

- **経験**……行動、実践の結果として、経験値を高める
- **内省**……経験したことを振り返り、言語化して整理することで新しい学びにつなげる
- **知識**……整理した学びから、必要なこと・やるべきことを知識として抽出する
- **行動**……再度、実際に行動を起こし、さらに経験を積む

以上のように考えるとわかりやすいのではないでしょうか。

読書には「知識」を補強する役割があります。本を読むとたくさんの知識を得ることができます。しかし行動への展開や経験の振り返り、知識のアップデートができなければ、学びを深めることもできません。

では行動し、その経験を振り返り、さらに学びを深めていく「経験学習」を重ねていくには、何が求められるのでしょうか。

そこで求められるのが**「視座の高さ」**です。視座とは物事を考える立場のことを示します。

「読書」から**「学習」**へ。さらに「学習」から**「成長」**、「成長」から**「成果」**へ。このように読書の目的レベルを高めていくことを強く訴えたいのです。

読書はあくまで手段です。それを成果に変えるためには、目的を高いレベルに設定することが求められます。

その上で左記の「経験学習モデル」のように学習のサイクルを回し続ければ、読書の質は必ず上がっていきます。

■経験学習モデル

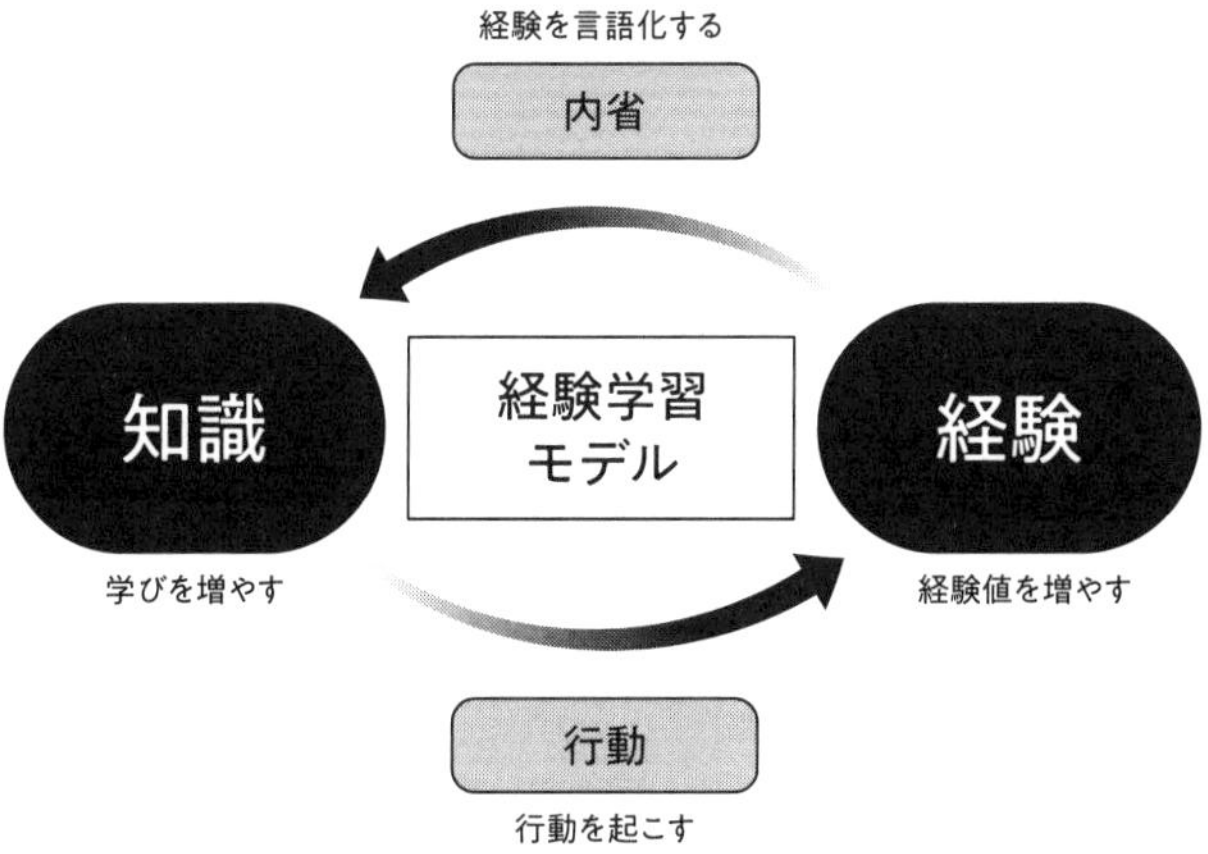

これまでの多くの読書法は「いかに速く読むか」や「いかに量をこなすか」という点にフォーカスされてきました。

しかし、そうしたやり方は、行動を変えていくことにフォーカスされておらず、結局「読んで終わり」「読んで満足」な現状を変えることができませんでした。

本書では、そのような読書から脱却し、自分の成果や収入につなげるために行動を起こしていただきたいと考えています。

そこで参考になるのが「経験学習モデル」というわけです。

成長への道筋がわかっていないと課題が見つからず、自分の必要性とマッチしない本を選んでしまうことにもつながります。

しかしこの経験学習モデルを活用することで、質の高い知識を意識的にインプットし、効果的な行動をアウトプットすることができるようになります。

自らの学習や実践の環境、そして日々の習慣を変えていくためにも、この経験学習モデルをあなたの行動に取り入れていきましょう。

■読書の目的レベルを高めていく

真の学習環境ができれば稼げるようになる

本書で強く訴えたいのは、

・よい学習を目的にしたインプット
・成果を目的としたアウトプット

の2点を主眼に置いた読書法を確立することです。

速く読むための速読、ただ多く読むための多読、じっくり深く読むための熟読、娯楽としての読書を否定するわけではありません。

しかし、ビジネス書を読むことの最終目的は「ビジネスの成功」「収入アップ」ですから、その本来の目的を見失わずに読書をする視点を忘れてはいけません。

本当の学びを手に入れるには、視座を高めた読書法を体得することが不可欠です。

次の章からは、その具体的な方法を紹介します。

ACTION

経験し学習する「視座の高さ」を持とう

第2章

成果に直結する「読書テーマ」の設定方法

利益思考の重要性

ビジネスの基本的な目的は、「利益を上げる」ことにあります。

もちろん、自己の成長や社会の問題解決、社会貢献といった目的もあるかもしれません。しかし、ひとつの指標として持つべきなのが「利益」であることは、論をまたないでしょう。


この「利益」の視点を持たないビジネスの学習は、それほど効果が出ません。

「お金儲け主義になれ」と言っているわけではありませんが、綺麗事だけではビジネス上の成果を出すことができないのもまた事実です。

私は人材育成の仕事をしていますが、成果が出せない人、成長スピードが遅い人に不足しているのが、この「利益思考」です。

では、利益思考とは何でしょうか。

ここでは利益思考を**「自分の業務を収益的な価値に結びつけて考えること」**と定義します。

営業部門であれば売上を上げるほど、研究開発部門であれば短期間でより良い商品を開発するほど、利益に貢献できるイメージが湧くと思います。

人事部門であれば、業務を効率化して採用や教育の質を上げれば、間接的に利益貢献ができます。

このように、ビジネスにおけるすべての業務は利益につながっているのです。

では、利益思考が不足していると、どんな弊害があるのでしょうか。

皆さんの周囲でもこのような人がいないか考えてみてください。

【利益思考が不足している例】

・売上目標をいつも達成しているが、値引きが多く利益が出ていない営業担当
・期限内に納品できているが、プロジェクト中にトラブルが起きたことでコストがかかり、利益を出せない開発担当者
・ルールを守ることばかり強調し、金銭的、時間的コストを気にしない管理職
・資料作成などの準備は徹底するが、何も決定できない会議運営者
・業務は問題なく遂行するが、その目的や生み出す価値をわかっていない部下
・「経営は人だ」という信念のもとで人材採用や教育にコストをかけるが、業績との関連性を把握できていない経営者

いかがでしょうか。ここで挙げた例は、どこの会社でもありがちで、すぐに何人か

具体的な顔が浮かんだ方も少なくないでしょう。

このように、自分の仕事がどれだけ価値や利益につながっているのかを意識しないと、「収益を上げるためにどうしたらいいか」といった攻めの考え方ができず、結果的に収入を伸ばすこともできないわけです。

こうした人は読書の目的についても、「知識を得ること」「学ぶこと」だけに設定してしまいがちです。

では、ビジネスにおける「収入、成果にフォーカスした読書のテーマ」はどのように設定したらいいのか、その具体的な方法を紹介しましょう。

ACTION

収益的な価値に結びつけた「利益思考」を身につけよう

学習目標を設定するための視点

自分の成果や収入アップのために〝目標を設定すること〟は重要です。皆さんの中にも、目標の設定や達成方法に関する本を読んだことがある方が少なからずいるかもしれません。

それらの本では「目標を設定するときにはその内容を具体的にする」「高い目標を設定する」「モチベーションにつながる目標設定をする」といったことが説明されているものです。

では、実際に高い目標を達成する人はどのような考え方を持って取り組みをしているのでしょうか。客観的に分析していくと、よくある目標設定の考え方だけでは足りない部分が見えてきました。

「現実的な目標」を設定した場合、１００％達成できれば問題はありませんが、実際はそれを下回ることが多いものです。

私がかつて営業をしていたときも、目標設定は適切にやっていると思っていても、どうしても達成できないことがよくありました。

「数年後には〇〇の収益を上げる」と目標を設定してもなかなか達成できなかったり、達成する時期が想定より遅れることもしばしばでした。

そこであるとき、「どうしたら正しく目標設定できるようになるのか」という考え方そのものを止めてみたのです。

そうではなく、**「成果を最大化するための目標」**に視点をシフトすることとしました。

そうすると成果が上がるようになってきたのです。

私が独立した数年後、思い切ってチャレンジするため売上目標を「２倍」に設定したことがありました。すると最終的に、これまで平均的に出していた成果の1・2倍から1・5倍の目標を達成することができたのです。

これは、**目標達成についての思考が「必ず達成すべきもの」から「自分の成果を最大にするもの」へと変化したから**です。

つまり、上を目指せば目指すほど、基準としての目標をクリアしやすくなるというわけです。

次に具体的な例を挙げて、その考え方を紹介します。

ACTION

成果が最大化する目標を設定しよう

達成率よりも成果量を重視する

読書のテーマを設定する前に、自分がいくらの収入を得たいのか、具体的に目標を設定してみましょう。収入の目標は数値なので、「やりたいこと」や「ありたい人生」といったテーマよりも比較的設定しやすいと思います。

年収ではよく「1000万円」という基準があります。そこに合わせることもありですし、「今の年収をベースに50％アップする」といった設定の仕方もあるかもしれません。

このように数値目標の設定は、自分の過去の状況や一般的な基準をもとに決めてもいいですし、単純な願望でも構いません。

自分で目標を決めるときの判断軸として参考にしたいのが、「達成率」と「成果量」です。

「達成率」を重視する場合、ある程度努力をすれば達成できる「ストレッチの効いた目標」を設定することが正しいとされます。

この達成率を重視するメリットは、目標をやり切ることで達成感が得られることにあります。一般的には、こうした現実的な目標設定をして達成することが「正しい仕事の進め方」とされています。

しかし、このような目標設定をすると、105～120％程度の達成はできるかもしれませんが、数倍以上にもなる大きな目標を達成することへの現実味は下がってしまう、といったデメリットもあります。

一方で**「成果量」**を重視する目標では、「実現したい」という自分の意思を刺激できるレベルの大きな目標を設定するのがコツです。達成そのものではなく、その目標に到達するまでのプロセス自体を楽しむことで、成果量が最大になるよう導きます。

例えば、年間売上が数年間5000万円前後で推移していたら、思い切って2倍の1億円という目標を設定します。冷静になれば難しそうな目標でも、達成した姿を思い描いてワクワクし、モチベーションが上がってくるのではないでしょうか。

そうなったらしめたものです。

その視点から真剣に戦略を考えて計画に落とし込み、実行するのです。

ACTION

具体的な数字を入れて目標設定しよう

目標設定の際に参考にしたいＯＫＲ

目標を設定して行動したものの、結果として100％達成できなかったとします。それでも、70％程度なら達成できる可能性は大いにあるでしょう。

この「70％達成で良し」とした発想を取り入れた目標設定法が、最近有名になってきた**ＯＫＲ**（Objective Key Result）という考え方です。GoogleやFacebookがマネジメント手法に取り入れていることでも有名です。

ＯＫＲとは「組織の目的（Objective）に対して重要な結果（Key Result）を設定し、部門や個人のあいだで連携して達成する」という内容です。

具体的には、

①大胆な目標を設定する（ストレッチ）
②70％の達成でもいい
③会社、チーム、個人の目標を連携する

という特徴があり、成果の量にこだわってマネジメントする手法です。

元々は組織の目標設定のノウハウとして使われてきましたが、個人の目標管理でも十分に応用できる考え方です。

ACTION

「70％達成」を良しとしよう

なぜ目標は10倍に設定すべきなのか

目標設定はそもそもなぜ行う必要があるのでしょうか。それは達成感といった感覚的なものよりも、成果の量を増やすために行うものといえるでしょう。

つまり**目標達成は、成果をより伸ばすために活用するもの**なのです。

例えば、自分が遠くまで歩きたいと思ったときに、1日10キロ歩こうと目標設定すれば、それまで意識して全く歩いていなかった人でも十数キロは歩けるでしょうし、目標を100キロと考えた人は、たとえ達成できなくても80キロは歩けるかもしれません。

つまり、より遠くへ進むためには、まず高い目標を掲げることが重要なのです。

私の「10倍の目標を目指すべき」という考えの数値的根拠を計算でイメージすると、85ページのようになります。

あくまで数値上の話ですが、これを見て皆さんはどのように感じるでしょうか。

例えばあなたが今、年収500万円だったとします。

そんなあなたが年収10倍（5000万円）の目標を掲げたとしましょう。もちろんすぐに10倍を達成することは極めて難しいのは間違いありません。

そこで、まずは中間地点として2倍の1000万円を掲げてみます（STEP1）。あらゆる努力をして、結果70％(年収700万円)の達成率だったとします。それでも、目標を掲げて動き出したからこそ、着実に収入アップが実現できたことは事実です。

次に、そこから2倍の年収1400万円を目指し、またあらゆる努力をしたとします。さらにそのために必要な読書をし、仕事力を上げていきます。その結果として、目標の70％である年収1050万円に達しました。目標に対する達成率は100％

に及ばないものの、ここでも目標があったからこそ、そのための具体的な行動を起こし、年収1000万円を超えることができたことになります。

大事なことは、**こうした「成功した自分の姿」を想像し、実際に挑戦することに対して、リスクは全くない**ということです。

たしかに収入アップが確実に見込めるかどうかはわかりませんが、それでも自分自身の成長が衰えるということはないはずだからです。

いかがでしょうか。数値目標を設定することで、一気にやるべきことや、行動に対するモチベーションが上がってきたのではないでしょうか。

いやいやそんなの机上の空論でしょ、と思う方も少なくないかもしれません。

しかし、読書を通じて収入を上げるには、「私はサラリーマンだからできない」「経験がないから無理」といった気持ちから解き放たれた思考回路が必要なのです。

ひとつのSTEPを上がるには、年単位の時間がかかるかもしれません。それでも、

年収500万円の人が、最終的に5000万円を目指すイメージ

STEP1　目標1000万円　→　結果700万円（約70%達成）

約2倍に設定する

STEP2　目標1500万円　→　結果1050万円（約70%達成）

約2倍に設定する

STEP3　目標2000万円　→　結果1400万円（約70%達成）

約2倍に設定する

STEP4　目標3000万円　→　結果2100万円（約70%達成）

約2倍に設定する

STEP5　目標4000万円　→　結果2800万円（約70%達成）

約2倍に設定する

STEP6　目標5000万円　→　結果3500万円（約70%達成）

約2倍に設定する

STEP7　目標7000万円　→　結果4900万円（約70%達成）

約10倍達成！

「独立して経営者やフリーランスになる」「投資をする」などの選択肢も折り込みつつ（あらゆる可能性を排除せず）、将来の収入をイメージしてみることが大切です。

本気でチャレンジすれば「STEP3」で挑戦を終えたとしても、収入は2・5倍を超えています。ここが重要なポイントです。

つまり、現状の2倍の目標設定をして確実な達成を目指すよりも、10倍を目指して、その結果として3倍の結果に着地する方が容易と言えるわけです。

ACTION

年収目標を「10倍」に設定し、チャレンジしよう

読書前に行うべき成果目標の設定

収入目標設定のイメージはできましたか。

次にやることは、その目標達成のために必要な〝成果〟を明らかにすることです。

まずは、**自分自身が周囲から期待されている役割**を明確にします。

営業部門で働いているのであれば「自社の商品を販売して売上を伸ばす」ことが当然期待されているでしょう。そうした月次や年次の売上金額や契約件数などを、数値目標に設定します。

企画や総務部門の場合はどうなるのでしょうか。次のことを参考に設定してみましょう。

・【期限】業務タスクの完了の時期、スケジュール管理
・【業務量】期限内に終わらせることができる業務の量
・【時間】仕事1件につき、どの程度の時間短縮ができたのか
・【コスト】コスト削減
・【プロセス】問い合わせ件数、処理件数の量

こうした観点で数値目標を作って自分自身の役割をはっきりと定量化することで、読書で得た知識と成果のつながりを分析しやすくするわけです。

さらに、

・**数値目標達成のためには、どのようなスキルが必要なのか**
・**数値目標達成のためには、どのような知識を学んでおく必要があるのか**

・知識を学ぶためには、どのような本を選ぶ必要があるのか

と「得たい成果」から逆算し、自らの読書テーマを明確にしていきます。

最後に「その成果を達成することによって、自分自身の年収がどれくらい上がるのか」ということをイメージします。

企業勤めの方であれば人事制度に沿って収入が決まることが多いので、成果がどのように収入に反映されるのかを確認しましょう。起業した方やフリーランスで事業を展開している方は、まず事業の数値目標を設定し、その数値を達成するためにはどうすればいいのか、同様に逆算しながら落とし込んでください。

このように、**ビジネスの成果を自分なりに目標設定して数値化し、認識することから、収入につながる読書は始まる**のです。

ACTION

周囲から期待されている「役割」を明確にしよう

収入につながる「スキルアップ」

成果を上げるためには、その足がかりとなるスキルの向上も求められます。ここでは、スキルアップをするためにはどう目標を設定すればいいか整理します。

通常、スキルは大きく分けて以下の3つの視点から考えます。

1. **思考力**（知識・経験、情報収集、情報整理、情報分析、目標設定、姿勢など）
2. **対話力**（伝達、傾聴、質問、文章作成、信頼関係構築、場作りなど）
3. **行動力**（モチベーション、行動計画、職場の環境など）

■ビジネススキルの構成要素

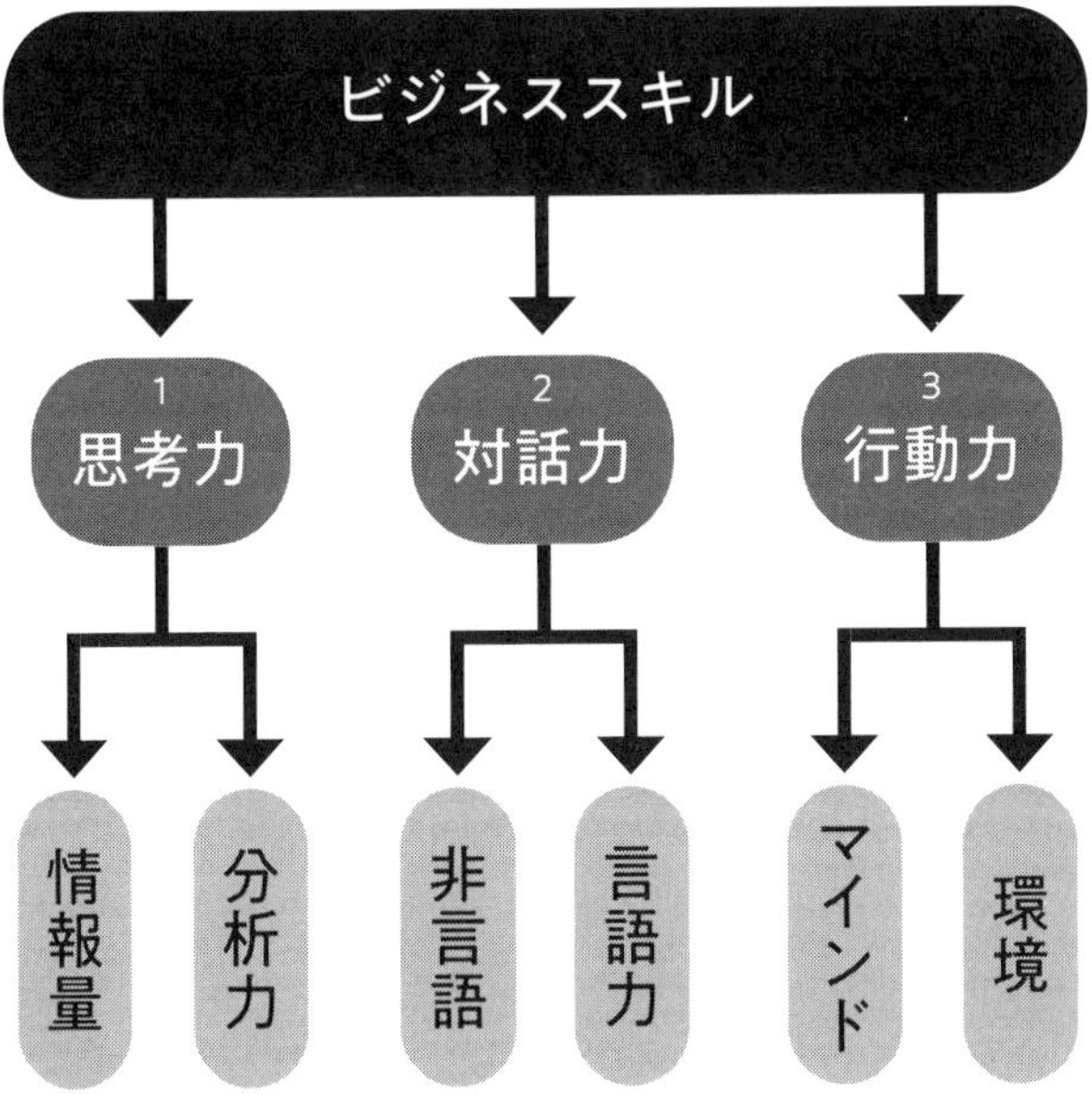

- 知識や経験
- 情報収集
- 情報整理
- 情報分析
- 目標設定
- 姿勢　など

- 伝達
- 傾聴
- 質問
- 文章作成
- 信頼関係構築
- 場作り　など

- モチベーション
- 行動計画
- 情報整理
- 職場の環境　など

3つの要素を分解して並べなおしたのが前ページの図です。

思考力は、様々な業務の知識や経験、情報を収集・分析する力で、ビジネスに向かう姿勢や考え方、アウトプットのイメージを描く目標設定力などの能力で構成されます。

対話力には、伝達能力や傾聴力、質問力、信頼関係構築力などが当てはまります。そのほか、感情などの非言語的な要素もここに含まれます。

行動力には、思考力や対話力に影響を及ぼす自分自身のモチベーション、周囲の環境などが含まれます。意欲を高める要素もここに入ります。

これらのカテゴリーをもとに収入アップに必要な要素（自分に不足している要素）を具体化し、読書のテーマを決めていきましょう。

ACTION

自分に不足している「スキル」を明確にしよう

テクニックだけでは、年収を10倍にすることはできない

ビジネススキルに関する簡単なハウツーを実行するだけでは、他者と差別化することはできません。

年収を上げるために必要なのは、**付加価値の高いスキル**です。

先ほど紹介した「思考力・対話力・行動力」の観点から自分自身の課題を言語化し、中・長期的な視点も踏まえて考えていくことが必要です。

さらに時間軸を設けて「今すぐに身につけるべきこと」「2～3年で身につけるべきこと」「10年かけて身につけるべきこと」というようにスキルや課題を整理しておきましょう。

短期的目線での収入アップ　～行動を学べる本～

まず「すぐに理解し実行して、成果に結びつけたい」という短期的な視点で読書テーマを設定する方法を紹介します。

すぐに成果につなげるためには、**「行動に直接アプローチできる」内容の本**が効果的です。

例えば、初めて企画書を作るのであれば企画書作成に関する本を読む、プレゼンテーションが直近にあるので資料のまとめ方を勉強する、などといった形で、自分の行動に直接アプローチする内容であれば、すぐに活用ができます。

本を探す際には、自分の課題に合わせてキーワードを検索して決めるようにします。Amazonをはじめとするネット書店では「試し読み」機能で内容を読むことができるので参考にするといいでしょう（電子書籍であればサンプルをダウンロードして、「前書き・目次」を確認することができます）。

内容の一部を読むと、「思っていたのと違った」といった齟齬は減っていきます。

テーマとしては、**場面・対象・目的を絞り込んだ、できるだけ具体性の高いもの**をおすすめします。

コミュニケーションについての本ならば、「わかりやすい伝え方」といった抽象的な本よりも、「上司にわかりやすく報告する方法」といった内容の方が成果に結びつきます。

年収を数百万円程度上げる目的であれば、このような短期的なアプローチ法が最も効果的です。ただし「年収を2倍にする」といった目標設定なら、さらに新たな学びが必要になってきます。

中期的視点での収入アップ　～マインド・思考を醸成する本～

短期的な視点で成果を出すには、ハウツー本などから具体的な知識を得ることが有効という話をしました。しかし、年収を2～3倍にしたいと考える場合は、自分自身の**ビジネスに対する意識を一新すること**が求められます。

年収を2倍以上に伸ばし、毎年1000～3000万円程度稼いでいる人は、ビジネスのスキルが高いことはもちろん、そもそもの〝思考〟が他者とは異なります。

彼らと同様の思考を身につけるためには、まず、**自分の中に強く潜んでいる常識、価値観から抜け出すことが必要**です。そのためには、自分の〝考え〟に影響を与えるような内容の本を読むことで、自分自身のスケールを大きくしていかなければなりません。

具体例として、スティーブ・ジョブズや本田宗一郎のような偉大な経営者の伝記や主著のほか、様々な職種のプロフェッショナルの生き様についての本が挙げられます。自分自身の考え方のスケールの小ささに気づいたり、彼らの生き様に刺激を受けることでしょう。

モチベーションアップよりも意識の変容

このときに陥りがちなのが、単に表面的なモチベーションを上げただけで満足してしまうことです。

偉人と呼べるような人の仕事の進め方、行動、思考は自分とどう違うのか、具体化して理解しない限り、一時的に気持ちが高ぶっただけで終わる危険性があるのです。

自己啓発の本には、心のあり方の重要性が書かれたものが多くあります。しかし重要なのは、**気持ちの高まりをどのように行動に落とし込むか**ということです。

マインドセットが真に成功すれば、必ず行動に移されます。行動に至らないマインドセットは、栄養ドリンクを飲んで一時的に元気になったようなもので、あくまで一過性のものに過ぎません。この中期的視点の段階で必要なのは、行動量で実現する「量的な成長」ではなく、**思考を変える「質的な成長」**なのです。

つまり、短期的な視点で収入を上げたいときは、行動に直接アプローチするハウツー本で良かったのですが、中長期的な視点で収入を2倍、3倍と高めるには、根源にある意識へのアプローチを通じて行動を根本的に変えていく必要があるわけです。

それによって意識が本当の意味で変わり、結果として年収を引き上げることが可能になるのです。

長期的視点での収入アップ　～視座と教養を高める本～

中期的視点で現状の2～3倍の収入を達成することができると、年収はおよそ1000～数千万円になるでしょう。

ここからさらに伸ばして10倍にするためには、**誰よりも先見性を持って実行と検証を繰り返しながら、10～30年のスパンで実現に結びつけること**が必要になります。

ここでは、実際に年収を10倍以上にした人たちがどのような本から学びを得て、行動に結びつけているのかを解説します。

長期的視点で収入を上げるには、下記の視点で学び続けることが求められます。

- **【視座】** 状況を俯瞰する、認識を深める
- **【教養】** 哲学・社会学・経済学・心理学・歴史学などの専門書
- **【体験】** 新しい世界を見る

短期的・中期的視点では、自分自身の課題や必要なこと、自分が読みたい本を中心に学びが構成されました。

一方で長期的視点に立つためには、世界の経済情勢や資本主義の成り立ち、人の行動の分析など、マクロ的な視点が新たに必要になります。分野としては社会学、経済学、哲学などが当てはまります。

経営者が読書について述べている記事には、歴史書など学術的な背景がある本を多く読んでいることがよく語られています。

それは過去を分析して自分の視座を上げることで、世の中の普遍的な本質を探ろうとする考えがあるためです。

ACTION

短期・中期・長期目線に分けて、付加価値を高める読書をしよう

10倍稼ぐために達成すべきこと

10倍の年収を稼ぐためには、希少性の高い人間にならなければなりません。ここでは「希少性の高さ」の要素として考えられる点をいくつか挙げてみます。

- 誰もしていない貴重な経験をしている
- 誰も考えていない発想でアウトプットをする
- 上位1％に入る成果を出すことができる
- 2つ以上の分野の専門性と業務経験がある
- 新しい価値を常に生み出すことができる

・圧倒的なスピードで行動することができる
・ビジネスの仕組みを構築することができる

以上のような特徴を持つことで、自分の価値は高まります。

もっとも、年収が10倍になったからといってスキルが10倍上がるとは限りません。

ただし、提供する価値は10倍にすることができます。

だから、常に視座を上げ、

「自分が社会からどのように必要とされているのか」

「世の中にどのような価値を提供できるのか」

ということを考えながら、自分自身の人間的な成長につなげていくことが大切です。

年収10倍を達成した人の特徴

年収10倍を達成した人は、本を読むにあたって次のような考えを持っていることが多いと感じます。

・知識は「量」よりも「質」
・収入に必要なのは「行動の量」よりも「提供価値の高さ」

10倍の収入を実現したいと思うならば、こうした考えを念頭に置きながら本を読みましょう。

ビジネス書を多く読む人の中には、視座を上げることにつながる抽象的な内容の本を中心に読んできたという人もいるかもしれません。しかし焦ってはいけません。短期的な視点で収入を伸ばせなければ、長期的視点での収入アップが困難なことも事実だからです。

まずは、

「目の前の業務をしっかりとこなして短期的に収入を上げる」
「自分の意識を変え、中期的な視点でさらなるチャレンジをしていく」

ことを意識するのが大切なのです。

また、年収を10倍にするためには、独立や起業も視野に入れて、新しい世界を切り拓くことも求められます。自分自身のキャリアイメージを持った上でのテーマ設定が、読書においては必須なのです。

ACTION

希少性が高い人になるための「キャリア」を描こう

ベストセラーとロングセラーの学習方法の違い

本を選ぶときの判断基準のひとつに「売れている本（ベストセラー）である」という要素があります。ベストセラーは時宜にかなったテーマが選ばれることが多いため、よく売れるのです。

短期的に収入を得たい方は、スピード感ある行動が求められます。そのためにはまず、ベストセラー本を一通り読むといいでしょう。

新しい情報をもとに素早く行動すること（**行動を変えていくこと**）**が、多くの成果を短期間で出すことにつながる**からです。

一方で10年以上売れ続けている本を、ここでは「ロングセラー」と定義します。ロングセラーは、どの時代にも通じる普遍的な要素が強い本であることが一般的です。

例えば自己啓発本だと、スティーブン・R・コヴィー著『完訳　7つの習慣』（キングベアー出版）やD・カーネギー著『人を動かす』（創元社）などは数十年単位で売れ続けており、今も多くの愛読者がいます。

長く売れ続けるのは、環境の変化に左右されにくい普遍的なことが書かれているからです。こうした本は、**どの時代どの人にも通ずる内容**なので、深くインプットして、自分自身に当てはめて考えていきましょう。

ACTION

目的に合わせてベストセラーとロングセラーを使い分けよう

読書テーマの設定プロセス

ここからは、収入の目標設定から読書のテーマ設定までの流れを順を追って説明します。

1．収入目標の設定

まず、自分の収入目標を期限も合わせて決めましょう。いくら収入をアップしたいのか、何倍にしたいのか、実現できる・できないは一切考えずに、数値的な目標を設定してみてください。

ビジネスにおいて、収益を目標にすることは「どれだけ多くの付加価値を生み出したか」という基準にもなります。まずは仮の値で構いませんので、理想を思い描いてみましょう。

2．成果目標の設定

次に、収入を伸ばすために必要な要素をリストアップします。目標達成するためには自分に何が必要なのか、どのような成果が求められるのかを洗い出すことが重要です。例えば、

- **どのような成果を上げればその収入を達成できるか**
- **商品をどれくらい売ればいいのか**
- **何を達成すれば人事評価を上げることができるか**

といったような項目から、求められる成果をリストアップするとよいでしょう。

3．習得スキルの決定

設定した成果目標をさらに分解します。その成果を上げるためにはどのようなスキルや知識が必要なのか、明確に言語化します。具体的な作業では、111のページのフォーマットを活用します。

4．読書テーマの設定

最後に、行動を起こすために必要な読書のテーマを決めます。「何をすべきか」「行動のためにはどのようなインプットが必要か」といった観点からキーワードを洗い出します。そのキーワードに沿って本を検索し、選ぶようにしましょう。

「なんとなく読みたいテーマ」を設定するよりも、「成果の向上」という目的を持ってテーマを設定すると、過去の自分との差別化を図ることができます。

5. アウトプットの決定

次のページに示したフォーマットは、これまで紹介したプロセスに沿って、目標の設定から実際の行動までの流れをまとめたものです。

「何をやれば成果が出せるのか」「この成果が本当に収入につながるのか」といったことを検討します。

特に重要なのがアウトプットです。インプットしたままで終わっては何も変わりません。ぜひこのフォーマットを使って、やるべきことを明らかにしてみましょう。

ACTION

成果目標を行動につなげる導線をしっかり作ろう

■目標設定から行動までの流れ（例）

成果目標 達成すべきビジネスの成果 （何を達成する?）	スキルアップ行動目標 成果のために習得するスキル （何を身につける?）	知識 スキル習得のために必要なインプット （どうやって学ぶ?）	行動 行動としてのアウトプット （何をどうする?）
【営業職の場合】 年間売上 7000万円	プレゼンテーションスキル	プレゼンのスキルが体系化された本や、TEDなどをYouTubeで学習	学んだことを50回の商談で使ってみる
	交渉スキル	交渉の基本的な知識の本	商談の交渉場面でプランを考え、実践し、効果を見る
	目標設定と達成のスキル	目標設定の本、偉大な成果を出した人の伝記	売上達成の設定とプロセスを設計する
【自営業の場合】 ○○サービスの企画と販売	ビジネスモデル構築	ビジネスモデル、戦略系の基礎本、中小企業の事例	新規ビジネスモデルを3つ書き出す
	マーケティング	マーケティングのフォーマットがある実践本	1都3県のマーケット人数を算出する
	セールススキル	営業の基本知識や行動面が書かれた本	年内で50件の新規提案を実施する
【開発者の場合】 年間個人売上目標 4000万円	JAVA	高度なテクニックが書かれた本、上司からの参考図書をヒアリング	○○アプリを開発する
	要件定義スキル	要件定義のやり方が書かれた本、要件定義書のモデルを社内で収集	要件定義を2社やってみる
	チームマネジメント	プロジェクトマネージメントの基本がわかる本、チームメンバーの指導スキル	後輩の面談を来月から月1回実施する

→例を参考に、自分に置き換えて考えてください

第 3 章

読書の質を高める「学習目標設定力」

読書テーマの抽象化

本章では、読書を始める前に考えるべきこと、行うべきことについて説明します。まずは、自分で考えた読書のテーマから〝候補の本〟を探すときに気をつけるべきポイントを挙げていきます。

テーマを俯瞰する

はじめに、達成したい成果や課題からテーマを俯瞰して検討します。

「テーマを俯瞰する」とは、「具体的な行動を元に、課題をより抽象的な言葉で捉えていくこと」を言います。

例えば「伝える力を身につけたい」と思ったら「プレゼンテーション」「説得力」「伝達スキル」「わかりやすい話し方」などのキーワードで本を探します。

そこからさらにテーマを俯瞰すると、「コミュニケーション」という抽象的でより大きなテーマが見えてきます。

このように、短期的に収入につなげる場合は、はじめに考えた**具体性の高いテーマ**の本を、長期的な視点で収入を増やしたい場合は、俯瞰した結果見えてきた**抽象的なテーマ**の本を選ぶとよいでしょう。

本質的な情報は何か

抽象的なテーマから得られるのは、課題の本質です。具体的な情報をある程度インプットできたら、それを俯瞰しながら抽象的なテーマに挑戦してみましょう。

ただ、抽象的なテーマには「課題の本質を理解できる」というメリットがある反面、理解するのに時間がかかったり、具体的な行動に落とし込むのが難しかったりといったケースも少なくありません。そのデメリットを克服しなければ、言葉や知識の一部だけを学んだ状態になってしまいます。

「抽象的なテーマを学びつつ、具体的な行動に落とし込む」というサイクルでインプットを続けることが、幅広い知識の獲得につながっていくため理想です。

そうしたことを念頭に、自分自身の課題や目的に合わせてテーマを選ぶことが大切です。

ACTION

抽象的な言葉で課題を捉え、テーマを俯瞰しよう

読書テーマの具体化

抽象化の一方で「テーマを具体化すること」も欠かせません。

例えば「伝える力を高めたい」と思った場合、「5W2H」（いつ・どこで・誰が・何を・なぜ・どのように・どのくらい）で自分の考えを分解すると次のようになります。

・上司に対して3分で報告をする方法
・お客様の値引き交渉に対応する方法
・面談で部下を勇気づける言葉

自分にとっての「伝える力」というテーマがかなり具体化されましたね。

このように具体的なテーマを自分で設定することで、課題をより詳細に捉えることができます。読書を通じた学習にまだ慣れてない段階では、この「具体的な要素」を中心にインプットすることが重要です。

具体的なテーマを学ぶことは、実践すべきポイントが明らかなので、すぐ行動に移すことができるというメリットがあります。

ただ一方で、ビジネスはケースバイケースで柔軟に対応しなくてはいけない場面も少なくありません。具体的な内容を学ぶときには、現場での応用の幅が限られてくることも念頭に置いておきましょう。

ACTION

具体的な言葉で、課題を詳細に捉えよう

書籍検索サイトでの候補選定と目次の確認

最近はインターネットで本を購入したり、電子書籍で本を読んだりする方も多いでしょう。

書籍販売サイトでは、主に「学びの効果を自身で判断することができるように」と「本を効率的に選ぶことができるように」といったことが配慮されています。とりわけAmazonは一番情報が充実し、かつ整理されているので、まずはここで検索をするのがおすすめです。

さらに、販売サイトと並行して、書評サイトなどでもレビューを見てみると、同様の課題を持った読者の感想が書かれているので参考になります。

また、本を探す際には、**あらかじめ目次をしっかりと読むことが重要**です。
目次にはその本の具体的な要素がしっかり構成されているので、必要な知識、情報との合致の具合や知りたい情報の有無を確認することができます。

特にAmazonで買う場合は「試し読み」機能で目次の確認ができるので、購入前に一読することをおすすめします。

また、電子書籍Kindleなら、サンプルもダウンロードできます。もし載っていなくても、出版社のWebサイトで確認できることが多いので必ず見るようにしましょう。

ACTION

事前に必ず「目次」をチェックしよう

ハズレを引かない本の選び方

短期

短期的に収入を上げたい場合、Amazonなどのネット書店と同時に、**リアル書店に直接足を運んで本を探す**ことをおすすめします。その理由は、購入までのスピードを重視するためです。

テーマを決めてから購入するまでの利便性が最も高いのはインターネットですが、書店に足を運ぶと多くの本を同時に眺めることができます。一冊ずつしか情報が見られないネット書店よりも本探しの効率が高いと言えます。

中期

中期的に収入を伸ばしたい方には、**書評サイトの閲覧と書店を実際に見て歩くことの両方**をおすすめします。

書評サイトを読んでおくと、読みたい候補の「本の概要」をあらかじめつかむことができます。

ただし、書評サイトに頼りすぎるとインプットの内容が限定的になってしまうため注意が必要です。あくまで「自ら動いて本を探す」ことの助けとして使う程度にとどめておきましょう。

書店では、自分のテーマと合致するジャンルだけではなく、それに関連するコーナーの本を眺めながら視野を広げていくことが重要です。

長期

長期的に収入を上げたいときに必要なのは、専門性の高い本です。

しかし、この段階に来るとすでに、本から学びを積み重ねて結果を出している方も多いと思います。専門性の高い本は、大型書店、図書館、専門家のWEBサイトなどで調査することが有効です。

本の探し方を確立している場合は、自分が決めた方法に則って「課題に合う本」や「読むべき本」を見いだしていけばよいでしょう。

ACTION

収入を上げるフェーズに合わせた本の選び方を意識しよう

学習目標としての〝問い〟を持つ

学びたいことは何か

「選んだ本から学びたいことは何か」と自分に問うことも大切です。

そもそも人は、〝質問〟をきっかけに考える行為を始めることが多いものです。考えれば新たな問いが浮かんできます。ですから、**本を買ったら「この本から何を学びたいのか」を明らかにするクセをつける**ようにしましょう。

読書前の問いの作り方としては、以下のような例があります。

・【目的】この本から何を学びたいのか
・【原因】○○ができない原因は何か
・【手段】どうすれば○○できるか
・【事例】どのような事例があるか

ここで気をつけてほしいのが、抽象的なキーワードだけになってしまうことです。そうならないよう、できるだけ具体的なポイントも入れるように意識しましょう。

例えば、

・**どうすればコミュニケーションスキルが上がるか**

ではなく、

・**会議の場で、どうすれば上司を一度で説得できるか**

というようなレベルで問いを持つことが重要です。

意識を高めるための問い

次に「意識を高めるための問い」について説明します。この場合、「どうすれば自分のモチベーションを上げられるか」といった問いを設定しがちですが、ここでは行動に移せるレベルで問いを明確にすることが必要です。

具体例として、経営者意識を学びたい場合、

・**どうすれば経営者の意識を持つことができるか**

ではなく、

・**どうすれば自発的に経営の勉強を始められるか**
・**どうすれば経営者の発言の意図を正確に理解できるか**
・**経営者はどんな視点やキーワードで物事を考えるのか**

といった表現で問うと、学習のポイントが具体化されます。

「意識」「マインド」「思い」といった言葉は非常にキャッチーな一方、あいまいな言葉でもあります。強い意識は必ず行動に転換されます。何をするかを明確にするためには、具体的な問いを持つことが求められるというわけです。

知りたいことを具体化するコツ

最後に「情報を得たい」と思う場合の問いの作り方を紹介します。
情報を新たに得たいときには「何を知りたいか」を明確にすることが重要です。
その際の問いの例としては、

- **なぜ日本経済は低迷しているのか**
- **フィットネス業界の最重要課題は何か**
- **最近の学生にはどのようなニーズがあるのか**

などが挙げられます。

ただ、もう少し具体性を高めることも可能です。

- **日本経済が低迷している一番の原因は何か**
- **フィットネス業界のビジネスモデルを根本から変える条件は何か**
- **今の高校生は、放課後にどのようなことをしているのか**

このように条件を決めて限定する言葉を入れると、得たい情報がさらに具体化されます。

読書の前にこうした問いを持つことで、インプットするときの視点や学びの量が断然変わってきます。自分の問いの出し方によってインプットの方向性や読書の質が変わることを認識しておきましょう。

左のページにいくつか「問い」をまとめたので、参考にしてください。

ACTION

「この本から何を学ぶか」をはっきりさせよう

【「学習目標の問い」の例】

◉意識や知識の場合
・私は何のために働いているのか
・なぜ何度も失敗しているのか
・継続的に勉強をするための最適な環境は何か
・毎日の出勤が苦にならない人は、何を考えているのか

◉方法や行動の場合
・いつまでに何をすれば年間売上を達成できるのか
・クライアントから情報を聞き出すには何が必要なのか
・反対者を説得するときに使った方がいい言葉は何か
・報告書を簡潔にするためには、どのような書き方をすればいいのか

読書の時間を制限する

皆さんは本を購入する際に、読書の期限と時間を決めて取り組んでいるでしょうか。きっと「積ん読」をしている方も少なくないでしょう（「積ん読」とは、本を買ってもなかなか読まずに、机などの上に積んだままにしてある状態のことを指します）。

これは、買うときに抱いた意欲といざ読もうとするときの意欲が違ったり、タイムラグがあることに要因があるのでしょう。

「いつまでに何冊読むのか」を決めないと、読書はなかなか進まないものです。たとえ短い時間でも、計画通りに読み進めることが重要なのです。

とりわけ、一冊の本をだらだらと長い時間をかけて読むのは非効率です。設定した読書の量と期限に合わせて本をどんどん読み進めることが、効率的なインプットにつながります。

買ったその日に読み始める

本を読むモチベーションが最も高いのは、「本を購入したその日」です。つまり、**買ってすぐ読み始めないと、本を開かない可能性が何倍にもふくれ上がる**わけです。

今後は本を買ったら、**その日のうちに前書きと目次を最低限読む**ようにしましょう。そこに目を通すことで「もっと知りたい」と欲が出たり、本を読む順番の優先度を決めたりすることができるようになります。

ACTION

買ったその日のうちに前書きと目次を読もう

第4章

読書の学びを定着させる「言語化力」

問いから〝仮説〟を立てて読む

皆さんは本を読み始める前に、どんなことを考えるでしょうか。

前章で私は、「本から何を学びたいかを問う（自問する）」ことが大切だと伝えました。

ここでのポイントは「問いを持ったら、それに対して自分なりの答えを出す」ということです。

あらかじめ問いを持ち、それに対する答え（仮説）を自分なりに考えることが求められるのです。

この仮説を持つか否かで、本から得られる学びの量と質は大きく変わります。

それはつまり、本を手にしても**真っ先に本文を読み始めてはいけない**ということです。

なぜ仮説が必要なのか

仮説を立てて、考えながら読むと、著者の主張や書いてある内容と自分の考え方を比較することができます。

自分の置かれている状況をベースに応用、比較、検証することで学びの質を上げていくわけです。

本の読み始めの段階で「目次」を読む際に、この「目次」に対する答えも自分なりに持つようにします。

これは私がやっている方法なのですが、**まず目次に目を通し、「実際にどんな内容が書かれているのか」仮説を立ててから本文を読みます。**

そして、もし本文に自身の仮説と同じようなことが書かれていたら、そこは読み飛ばすポイントになります。自分と全く同じ考えをなぞるのは、時間の無駄だからです。

例えば部下育成についての本で、目次に「何度指摘しても部下が動かない理由」という項目があった場合、すぐに本文に飛びつかず、まずはその「理由」を自分なりに数分間考えてみます。

・指示に納得していないから
・上司に反発しているから
・自分で決めたいから

などと、仮説を立ててみるのです。

その上で本文を読み、著者と自分の考えを比較します。自分と同じ考えなら読み飛ばし、違うならよく読んで取り入れられそうなポイントがないか考えるようにします。

このように読書中にも軽いアウトプットをすることは、思考トレーニングにもなるのでおすすめです。

ACTION

目次を見て、どんな内容が書かれているか仮説を立てよう

線を引いても記憶に残らない

読書に関連したビジネス書や雑誌の特集では、「アンダーラインの引き方」「付箋の貼り方」「メモの取り方」などのテクニックがよく紹介されています。

ただ私は、線を引いたり付箋を貼ることとは、それ自体にあまり意味があるとは思っていません。これらは再読するときに活用されるものだからです。記憶にどこまで結びつくかも微妙なところでしょう。

何度もお伝えしていますが、最終的にはいかにアウトプットにつなげるかが大切です。

そういう意味で、メモを取ることはおすすめです。メモを取ること自体がアクションの第一歩になっており、その次の行動につながりやすくなるからです。

成果につなげやすくするには、**「一度読んだ本は読み返さない」**というスピード感を念頭に読書に臨むことがポイントです。

本は読み返さない前提で、インプット・アウトプットすることで、記憶の定着や実践につなげていきましょう。

メモすべきポイント

ここでは、本を読む際のメモの取り方を説明します。

まずはメモを取るタイミングです。

「ここはいいな」と思ったところや、気づきがあったポイントがあれば、たとえ読書の途中でもすぐにメモを取ってください。読書の目的は「しっかり読むこと」と考えがちですが、大切なのは「その後に行動を起こして成果を出すこと」です。大事だと思ったら、その場ですぐにアクションすることが大切です。

メモを取る媒体は、紙のノートでもスマートフォンなどの電子ツールでも構いません。電子書籍を読んでいるときには、スクリーンショットを撮ってもいいでしょう。この場合は「とりあえず画像に残し、後で見返してメモを取りなおす」といったこともできるでしょう。

メモは、次のことを意識して取るようにするのがおすすめです。

【事実】新しく得た情報、事例
【発見】気づき、学び、アイデア
【行動】やるべきこと
【共感】同じ意見
【要約】自分の言葉で一言にまとめる
【反論】違和感がある点

著者の考え方に共感し、感動した点を残しておくことも重要です。すぐに現場で実践しようと思ったことを「やるべきこと」としてメモに残しておくと、後ほど行動の計画を立てるときに役立ちます。

私が特におすすめしたいのは「要約してメモを取ること」です。

本の内容をそのまま写すのではなく**「その部分で最も伝えたいことを自分の言葉で要約し、残す」**ことが大切です。

成果を出して収入につなげる人の多くは、自分の言葉で語ることが得意です。彼らは学んだことを自分の言葉で解釈し、アウトプットにつなげます。自分の言葉であれば記憶に残りやすいですし、実践にも結びつきます。

たとえその道の専門家でも、著者の主張が必ずしもすべて正しいとは限らないところも見逃せないポイントです。

本を読んでいて違和感をおぼえたら、すかさずそれをメモしましょう。

自身と著者の考えを比較、分析することで視野が広がり、さらに自分の信念や「思考の癖」に気づくこともできます。

例えば、「部下は報告をしなくてもいい」「報告しないくらい安心させればいい」という主張が書かれた本があるとしましょう。「報告しない部下なんて信じられない」という自分の常識と著者の主張の間にギャップがあることを意識するとき、自分の仕事への価値観に気づくことができます。

そうした「違和感」は非常に重要な学習ポイントになるのです。

メモで集めたことを抽象化してキーワード化する

メモを取って、「よく学んだ」と満足してはいけません。

メモを取ったら、後で見返して〝抽象化〟することが大切です。

本を一冊読み切ると、ときに30箇所以上のメモが集まるかもしれません。これらを抽象化することで、著者がこの本で真に主張したいことや独自の思考が見えてきます。

よく「著者が本当に言いたいことは、本全体の10％程度だ」と言われることがあります。この言葉の通り、私たち読み手の側も、全体の10％以内を凝縮して学べば問題ないという意識でいればよいのです。

そのためには、一度読んだ後のメモから重要なキーワードやポイントを抽出し、

- **どのようなことが自分の役に立つのか**
- **どのような行動をすべきなのか**

といったメッセージを整理してください。ここでまとめたメッセージは、後に学びを行動に移すときに必ず役立つことになります。

ポイントは3つに絞る

本の中の重要なポイントは3つ程度に絞ることを意識しましょう。

たくさんメモを取っても、**成果につながる行動に落とし込めるのは3つ程度**だと考えてください。その程度学べれば十分に元は取れている、と割り切るようにします。

このように、「量的な読書」から「質的な読書」に転換するためには「絞り込んで深く学ぶ」ことが大切です。

学びの量を欲張るのではなく、行動への転換を前提に、**「何を学んで実践するのか」ということに焦点を絞る**ようにしましょう。

ACTION

気づきがあればすぐにメモを取り、整理し、行動に落とし込もう

違和感があるときの対処法

先ほど、本を読んでいて違和感があった際は「メモに残す」ようにと伝えました。そのほかに抑えておくポイントが2つあります。

1. 違和感を通じて、自分の考えを確認する
2. 自分と違う考えを受け入れて、視野を広げる

読書は、自分自身の視野を広げることにもつながります。違和感をおぼえたら「自分の視野を広げるチャンス」だと思って、考えを整理しましょう。

「この著者が言っていることは自分の考えと明らかに違う」と思っても、ただの批判で終わっては意味がないからです。

自分の違和感について、

- **なぜそう思うのか**
- **違和感の根底には何があるのか**
- **違和感を感じる事柄から学べることはないか**
- **自分の行動に取り入れられることはないか**

といったことを考える機会にするのです。

私たちは「ギャップ」が生じると思考力がはたらき、そのギャップに向き合うことでおのずと自分の考えがはっきりしてきます。

それをチャンスと捉え、メモに残すようにするのです。

ACTION

違和感は学びのチャンス。違和感としっかり向き合おう

最後に著者を分析する

読書が終わったら、すぐに**「著者の価値観や意図」**について考えを広げてみます。高度なテクニックではありますが、左記のような問いを基礎にすると著者の考えを自分なりに解釈することができます。

【意図を確認したい場合】
・著者が最も伝えたいことは何か
・なぜこの本を書いたのか

【価値観を確認したい場合】
・著者の考えにはどのような傾向があるのか
・他の著者と比べ、どこが違うのか
【根拠を確認したい場合】
・納得した部分はどこで、それはどの情報からなのか
・事実として書かれた情報は何か

これらを考えることで、一人の著者からさらに多くのことを学ぶことができます。
また、同じテーマで書いている別の著者との比較もしやすくなるでしょう。

ACTION

読書後に「著者の価値観や意図」に思いを巡らそう

気づき、学びを要約する

読み終わった後にもうひとつおすすめなのが、主観的な視点で気づきや感想をメモすることです。とはいえ、書評のように長大なものを書く必要はありません。次のようなポイントを記すとよいでしょう。

- **この本が自分にとってどのように役に立ったのか**
- **どのような行動をはじめに起こしたいか**
- **自分に最も響いたメッセージは何だったのか**

これらを自分の言葉で書くと、頭に刻み込まれます。読書中に書いたメモをさらに要約して、ポイントを絞った言葉にするのがポイントです。

ここで特に試されるのが**「要約力」**です。

自分の学びを記憶に残すために、たくさんのメモや情報から言葉を絞り込みましょう。〝実践〟が前提の読書なので、**最も行動に変換しやすいポイントで要約すること**をおすすめします。

その際は、メモから言葉を選び取ってもいいですし、本の中のいくつかの表現から自分で言葉を連想しても構いません。

読書後の具体的な行動につなげるためにも、この要約をしっかりとやるようにしましょう。

ACTION

読書中に取ったメモや本のポイントを要約しよう

第5章

読書の学びを実践に変える「行動力」

抽象化したキーワードをやるべき行動に書き換える

本章では、読書で得た学びを行動に転換し、それを継続する方法を説明します。まず、学んだことをどのような行動につなげていくか、具体的なアクションプランを立てていきましょう。プランを立てるときの5つのポイントを紹介します。

1.「具体化」する

行動目標はとにかく具体的にする必要があります。
やるべき行動を表現する際に、次のような言葉を使うケースがよくあります。

【例】
・改善する
・向上する
・強化する
・意識する
・徹底する
・気をつける

こうした表現は、とりわけ「反省」をする際に使われる抽象的な言葉の典型です。具体的にどう行動を変えていくのかがわからないため、こうした言葉を使っても何も変わらないか、また同じことを繰り返してしまうだけでしょう。

ではどのようにしたらいいのでしょうか。

例えば「知識を強化する」という目標が頭に浮かんだ場合は、「○○の本をいつまでに読む」とすればどうでしょうか。行動がより具体的になるのがわかるはずです。

また「業務の流れを改善する」と考えた場合は、「業務フローを書き出す」とした方が実践の可能性が高まるでしょう。

行動を起こしている様子が自分の頭の中にありありと浮かぶようになるまで、やるべきことを具体化していきましょう。

この手法を身につけない限り、知識ばかりが増えていくことになりかねません。

2.「達成可能」なことにする

アクションプランを立てるときは、実現不可能な内容にしないよう注意します。行動すること自体が目的にすり替わり、後につながらなくなるからです。

そのためにも、自分が確実にできると思うレベルまで、ハードルは低くしておきます。もしそれでも難しく感じたら、やるべきことを細分化してひとつずつのボリュームを減らしたり、期限を変更したりします。

「ＩＴ業界の最新動向を調べる」と設定した場合、それだけだと調べる範囲が非常に広く、あいまいです。そこで、さらに細分化してクラウドサービスに焦点を絞ると、やるべきことのボリュームが減るので実践しやすくなります。

まずは自分自身が「できる」と思えないと、実践にはつながりません。**必要なのは壮大な計画ではなく「確実な実践」**です。少しでも実践すれば必ず経験が積み上がり、学びが生まれます。これは第1章で紹介した「経験学習モデル」のポイントとも共通します。

3.「意義」を確認する

確実に実行できるレベルにまで行動を具体化したら**「それによって何が得られるか」**という点も明確にしておきましょう。意義を感じるものであればあるほど、行動に移しやすくなります。

例えば「実践を通じて時間を削減できる」「コストが抑えられる」「○○のプロに出会える」といった、自分にとってプラスになることを列挙しておきましょう。

列挙したことは、実践に移した後で成果を検証するための視点にもなります。実践と成果のつながりも、ここで再認識しておきましょう。

4.「定量的」にする

行動を起こすときには、**「数値的な目標」**を定めるようにしましょう。

行動の頻度や回数、割合など、客観的に評価できるポイントを入れておくことで、実行の度合いの管理や検証がしやすくなります。仮に行動を週に1回のペースで起こすと決めたら、具体的な曜日まで決めておくことをおすすめします。

こうすると成長のスピードが上がり、結果につながる可能性も高まります。

5.「期限」を決める

行動の計画では、必ず「期限」を定めてください。いつまでにやるのか、日付ベースで決めないとなかなか実行に移せません。

日付については**「読書後1カ月以内」**とすることをおすすめします。数カ月後では、実践に移る可能性が大きく低下します。1カ月後までにどのような実践ができるか、明確にすることが大切です。

期限は自分に適度なプレッシャーを与えます。行動を促す環境を作り上げておきましょう。

ここで挙げた5つのポイントの頭文字を合わせると

「ぐ・た・い・て・き」

となります。

この5つのポイントを頭の中でしっかり意識しておきましょう。

ACTION

「ぐ・た・い・て・き」の5つを明確にしよう

活用場面を特定して、小さく実践してみる

計画を立てたからといって、欲張ってあれもこれもやろうとしないことも重要です。

おすすめするのは、読書後に必ず実践したいことをひとつ決める**「スモールアクション」**です。

前項の5つのポイントを踏まえてプランを立ててください。

まずは、

- **即行動に移して本当にうまくいくのか**
- **本に書いてあった知識と自分の経験のギャップはどこにあるのか**

といった観点からＰＤＣＡサイクルを回していくことが大切です。

せっかく読書で得た新しい知識を実践しないままでいると必ず忘れてしまいます。スモールアクションを継続することで、学びを実践に変える習慣が着実に形成されます。

小さな一歩から始めることを忘れないようにしましょう。

ACTION

すぐ実践する「スモールアクション」を明確にしよう

読書の効果を数値的に検証する

行動を起こしたら、必ず効果を検証しましょう。その際は左記のような視点で判断し、必ず数値化して捉えるようにしましょう。

- **計画通りに進めることができたのか**
- **どれくらい実践できたのか**
- **成果にどれだけつながったのか**

本書のテーマは「収入アップ」ですが、実際に収入が上がるまでには少し時間がかかります。そのため、収入面で効果をすぐに見極めることはあまりおすすめしません。

まずは次のような観点で検証します。

- **時間の短縮や成果量の拡大がどれくらいできたのか**
- **行動やアウトプット量がどれくらい増えたのか**
- **読書後のインプット量がどれくらい増えたのか**

これらの指標をもとにすると、読書で得たことがどれほど変化のきっかけになったのかが明らかになります。

成果につながるような実践を続けると、最短半年ほどで自分自身のスキルの高まりを感じるようになります。継続的な実践の習慣が身につけば、ビジネススキルは定着しやすくなるでしょう。

実践できなかった場合の対処

実践にうまく結びつかなかった場合、大切なのはその問題の根源を分析することです。例えば、行動できなかった理由が「情報不足」とわかった場合、次のように考えます。

- **どのような情報が足りなかったのか**
- **足りなかったのは、業務の知識なのか**
- **業務の流れがわかっていなかったのか**
- **やり方、進め方がどのような点で間違っていたのか**

このような疑問が出てきたら、問題のベースは「インプットの不足」と予想されます。

もし、それらに問題がないのであれば、次は「アウトプットの不足」の可能性を考えてみましょう。この面で不足がある場合は、次のような疑問が浮かんできます。

- **行動が成果につながらなかったポイントは何か**
- **行動量は適切だったか**
- **他にやるべきことはなかったか**
- **タイミング、スケジュールに問題はなかったか**

いずれにしても、振り返りの際に原因を追究することで、次の課題が鮮明になります。

ACTION

読書の効果を数値で検証しよう

次の読書テーマを決める

次の読書に向けたテーマ決めは、成果や効果を検証した後に行いましょう。

実践がうまくいかなかったり、成果に結びつかなかったりした場合は、それを課題に据えてテーマを決めます。

反対に十分な成果が得られた場合は、より高いレベルのインプットを試みましょう。

新たなテーマ設定は、以下の3つの観点で進めます。

1. 専門性、精度を高めたいとき【深堀り】

実践後の検証の結果、より具体的に学ぶことが必要と判断した場合は、学びたい情報や必要なスキルを具体的にピックアップします。

【例】
・営業の基本は理解できたので、営業の交渉に特化して学ぶ
・デザインの概要について知識を体得したので、次はWebサイトのデザインを勉強する

2．知識、経験を広げたいとき【横展開】

ある程度十分な学習ができたと思った場合は、関連する他のテーマで学びを強化し

ます。例えばコミュニケーションにおいて「話す」ことのノウハウがしっかりに備わったのなら、次は「聞く」ことにシフトする、といったやり方で、これを「横展開」といいます。横展開をすると、自分自身の思考・知識の幅を広げることができます。

【例】

・業界、職種を広げる
・コミュニケーションから思考スキルへ
・アジアの研究からヨーロッパの研究へ

3. 本質をつかみたいとき【抽象化】

成果が出て、かつ十分な知識が得られたと判断したら、学ぶ内容を高度にします。そのためのテーマ決めで必要なのは「抽象化」です。

ここには、長期的に収入を高めるために必要とされる社会学、経済学、哲学のような学術的な内容が含まれることが多いでしょう。また、最新の技術情報や自身の専門外のインプットをすることで学びを高度にすることもできます。

【例】

- プレゼンテーションからコミュニケーション学へ
- ロジカルシンキングから論理学へ
- モチベーションから心理学へ
- 株取引の知識から資本主義の本質へ

読書は学習を構成する一部分であり、さらに学習は成果、成長の一部です。

より大きな成果や成長を求める限り、読書は続きます。

継続して読書をするためにも、読書のテーマを更新しながら学びの質を上げていくようにしましょう。

ACTION

深掘り、横展開、抽象化をして次の読書テーマを絞ろう

読書以外からのインプットも反映する

「学習」という観点から見ると、〝読書以外〟からのインプットを増やすことも必要です。自分なりのインプット方法を確立していきましょう。

例えばWebメディアやWebサイトからも学びは得られますし、最近はYouTubeでも書評のほか、様々なビジネススキルのセミナーの動画がアップされるようになりました。

このほかにも必要なのが実務や経験です。前述した「経験学習モデル」でも、学びの量が最も多いのは「現場での経験」です。

収入に最短距離でつなげるためには、現場で何らかの行動を起こして成果を上げることが求められます。**現場での学びに読書を織り交ぜるインプット方法**を、ぜひ自分なりに確立してみましょう。

インプットやアウトプットの目的は「成長・成果」です。皆さんの成長や成果の段階に合わせて、読書の方法や読むべき本も変わります。

ここまで、読書の前・読書中・読書後にそれぞれすべきことをプロセスに沿って紹介してきました。**このプロセスの反復によって、読書の質をいかに引き上げること**が重要です。

読書はあくまでインプットのひとつの手段でしかありません。ただ、この質を上げていくことが最終的なアウトプットの質の向上につながる、という全体像は把握できたのではないでしょうか。

まずは、一冊の読書からこのプロセスを実践してください。

ACTION

読書以外の学びも織り交ぜて成長につなげよう

第6章

今すぐ使える
読書テクニック

最後に紹介するのは、すぐに使える読書のテクニックです。

これまで説明してきた読書法のほかに、世の中で知られている読書法を私なりに解釈したものを紹介します。特徴は「速く、多く読む」より「理解を深める」ことに重点を置いていることです。

興味や関心に応じて、ぜひ試してみてください。

目次でショートカット

本の内容の重要な部分は、冒頭の「目次」と「前書き」読めば明らかです。

目次を読むことで、内容の全体像と大まかな構成を知ることができます。

初心者向けのビジネス書レベルのものであれば、**目次と前書きを10分程度読むだけで、得られる学びのイメージが湧きます。**

もし、それらの中で違和感があったり、答えのイメージが湧かない点があったりしたら、そこを集中して読むようにしています。

そうすることで、早い場合は一冊15分程度、長くても30分以内で読み終えるようにします。

読書の時間を短くすると、新しい学びがあったときにそれをメモに起こすための時間も短縮できます。

読書で大切なのは**「自分に必要な部分だけ読む」**ということです。

個人的には、速読法よりも「目次でショートカット」をマスターする方が、インプットの効率化につながると考えています。

無知探しの旅

難しい専門書を読む場合は、熟読しないと内容が頭に入ってきません。そういう場合は、最初からしっかりと順を追って読みます。

ただ、この場合でも目次を通じて全体像を把握することは必要です。それをもとに自分なりの仮説を立てて読むと、理解度が上がります。

学術書や哲学書のような難しい本の場合は、それでもわからないことが多くあります。

その場合には**「理解できない部分がわかっただけでもよかった」**と考えを転換します。疑問点が見つかることも、学びのひとつの形です。

ソクラテスが「無知の知」という言葉を残していますが「無知」は恥ずかしいことではありません。

むしろ読書すればするほど無知は増えていくものです。

私は、そうした問いが、「読書の旅」を未知の領域に導いてくれると思うようにしています。**わからない点が明らかになったら、その問いをメモに残しておきましょう。**

ちなみに、私がここ数年持っているのは「時間とは何か」という問いです。これだけでも長期間の学習機会につながっています。

批判的ディスカッション

「読書は著者との対話」とも言われます。ここでは共感したことも含めて、あえてすべてに**「本当に?」と疑問を持つことでディスカッションを意図的に起こす**手法をお伝えします。

例えば、ある本に「成功のためには、行動しかありません」というメッセージがあった場合、一度「その通りだ」と共感しても、あえて「本当にそうか?」と疑問を持ってみます。

その上で、さらに根拠のある反論を考えてみましょう。

「行動しなくても結果が出ることがある」

「人に協力してもらえばいいのでは」

といったように疑問を持つことで、思考の幅を広げていきます。

このような視点を持つことで自身の視野が広がり、著者の主張への理解も深まるのです。

著者のスタンス軸の配置

第2章で「中期的な視点での学習」を紹介した際、マインドや思考の醸成が重要だと伝えました。具体的には、思考の拡大と整理が必要です。

その際に求められるのは、**著者の主張を正確に理解すること**です。

著者の主張を理解するには、コツがあります。一定の軸をもって主張を分類、判断するのです。

次のような分類軸を使って考えるとよいでしょう。

- **ポジティブスタンスか、ネガティブスタンスか**

・メリット重視か、デメリット回避か
・主観的か、客観的か
・挑戦的か、保守的か
・抽象論か、経験主義か
・短期的視点か、長期的視点か
・理想的か、現実的か

こうした軸を設けると、整理が容易になるのがわかるでしょう。

また、この作業をしておくと、類書を探したり、今まで読んだ本と比較したりするときにも役立ちます。

こうした軸で整理した後、自分の意見はどちらなのかも考えるようにします。

その上で、意識的に自分と反対の意見が載っている本を手に取れば、さらに視野を広げる機会にすることもできるのでおすすめです。

言葉の定義化

第4章などで、読書の後に学んだことを要約する重要性を説明しました。要約に最も有効なのが**「○○とは何か」という問いを持つこと**です。

例えばプレゼンテーションのスキルの本を読んだのであれば「プレゼンテーションとは何か」ということへの理解が求められます。

ではプレゼンテーションを下記の4つのパターンで定義すると、どのような学びが生まれるでしょうか。

1．わかりやすく話すこと

2．魅力を伝えること
3．相手を納得させること
4．相手を動かすこと

1の場合は、簡潔さ、理解のしやすさが優先され、4の場合は行動が優先されるなど、それぞれの定義によって学ぶべきことが変わって見えます。

本の中で著者が定義していることも多くありますが、その定義があいまいだと、メッセージやスキルアップの軸が定まりません。

どんなケースであれ、読書前後に自分なりに定義する習慣を持つようにしましょう。

本書を通して皆さんも「読書とは何か」を明確にしてみてください。

ちなみに私は「読書」とは、「問いの設定と答えの模索」と定義しています。

「ハズレ本」からのリターン

読んだ本から学びが少なかったり、期待と違ったりしたら「この本はハズレだった」とがっかりしてしまいますよね。

そのような場合は、無理に読み進める必要はありません。投資した金額よりも、時間の方がずっと重要だからです。

ただ、どのような本でも「学びがゼロ」ということはないはずです。つまり、ちょっとした心がけでどんな本でも一定のリターンを得ることができるのです。

もし「ハズレ本」に出会ったら、以下の2つの視点でメモを残しましょう。

1. 選択したときの期待と何が違っていたのか
2. 唯一学びがあるとしたら何か

1を問うことでわかるのが、**「次に読む本の選定基準」**です。

今回のハズレ本がなぜ期待と違っていたのか、その相違点を次に読む本を選ぶ際に活かしましょう。


続いて2は、今回の経験を無駄にしないための**学びを考える問い**です。

この問いに対する答えを考えることで、一定の経験から知識を抽出するスキルが上がる効果も期待できます。

5分読書

「読書に割く時間がない」という方もいると思います。

そこでおすすめするのが「5分読書」です。

移動中やちょっとした待ち時間などでインプットする意識を持てば、必ず読書の時間を確保できるようになります。


「5分読書」とは、5分間ひたすら読み続けるのではありません。

まずは3分で1項目から3項目程度に目を通します。

そして、2分でアウトプットを行います。

このサイクルを回すと、学習の〝回数〟を上げることができます。

スマートフォンであれば、読書に使うアプリが常に画面のトップに来るように設定して、すぐに開けられるようにしておきましょう。そこで要約を前提に10ページ程度読んでみると、何かしらのアウトプットはできるものです。

アウトプットベースで読書をする習慣は、時間の有効活用やインプットの生産性向上にもつながっていきます。

太字・漢字でショートカット

本を読むときに太字部分のキーワードだけを追いかけたり、漢字だけを読むことでもたいていの意味はわかります。

これは速読法でも紹介されるノウハウですが、言いたいことのほとんどは、「主語・目的語・述語」に集約されるからです。そのため、キーワードだけを読み進めても意味を把握することができるのです。

本で学ぶときは、**1回の熟読よりも反復して複数回読んだ方が効率的**です。スピーディーに読むうちに引っかかる部分が所々出てきたら、その部分の周辺だけ集中して読みます。メリハリをつけて読むことで、インプットが効率的になります。

読み進める際に重要なのが「具体的な内容をすべて理解しようとせず、概念をつかむことに意識的になる」ことです。

「要するにどういうことか？」と自分自身に問いかけ、アウトプットができれば、そのパートは読み飛ばして問題ありません。

目次でのショートカットと合わせて、読書を効率的なスタイルに変えてみてください。

電子書籍Kindleのメモの活用法

私自身、普段の読書の8割程度は電子書籍を利用しています。何冊も持ち歩く必要がないですし、いつでもどこでもデータを引き出せるので非常に便利です。

電子書籍の活用の仕方について、2つのポイントを紹介します。(※ここでは、特にAmazonのKindleにフォーカスして説明します)

大画面で読む

私がおすすめするのは、**Kindleをパソコンや大きなタブレットで読むこと**です。

大きな画面で読むことで、一度に入ってくる情報量が増え、読むべきポイントや読み飛ばすべき箇所の判断が瞬時につきやすくなります。

スマートフォンで1文ずつじっくり読むのと、ノートPCを使って俯瞰するようにして読むのとでは、効率が1・5～2倍ぐらい違うと実感しています。

その場合、**文字は自分がストレスなく読める範囲に小さくし、熟読するページだけ少し大きくします。**俯瞰的な視覚情報が入るようにしておくことは、読書の効率化につながります。

ハイライト機能の活用と要約

次に、Kindleの「ハイライト機能」の活用法を紹介します。

Kindleでは、本文の好きな部分に線を引くことができます。線を引いた部分は、KindleのWebサイトに自動保存されます。**重要な部分をまとめて読み返すときに非常に便利**なので、私も大いに活用しています。

ただしここでのポイントは、線を引きすぎないことです。アンダーラインが多すぎると、どこが重要かわかりにくくなってしまうからです。

ハイライトはあくまで読み返すためのひとつの情報として、重要な部分に絞ることが大事です。線を引いた部分は読み返して要約をした後で、別のツールにアウトプットしておきましょう。

Twitterでのメモ一元化

メモや記録は一元的に管理するようにしましょう。

その理由は、取ったメモを反復して見返す必要があるからです。学びを記憶に定着させ、行動を起こすためには反復が重要です。

そこで私が個人的におすすめするのが、Twitterでつぶやくことです。**Twitterの字数上限は140字なので、学んだことを自分の言葉で要約するためのちょうどいいトレーニングになります。**

さらにTwitterは世の中への発信媒体でもあるので、モチベーションの向上にもつながります。公開したくない方は、自分だけが見られるメモ書きでも構いませんが、反復することと自分の言葉で表現することは必ず行うようにしましょう。

デモ講義

「最も学習効果が高いのは、人に教えること」とよく言われます。

ここで伝えたいのは、**読書した内容をもとに「デモ講義」を行い、誰かに伝えることで学習効果を上げる**、という手法です。

講義内容を考える際には頭の中が整理されるので、そこで学びが反復されるのです。また、うまく伝えられない部分は学びなおすことで、記憶や実践の定着にもつながります。

問題になりそうなのは、伝える相手がいない場合です。

その際は、自分の「講義」を音声データに残しておきましょう。プレゼンテーションの練習にもつながるのでおすすめです。

「隠れ名言」探し

難しい専門書や著名人の自伝や伝記には、よく隠れた名言があります。

その本が「ここは重要だ」と強調している部分に名言があるのは当然のことですが、それ以外にも**自分にとって必要な言葉を探してみる**のがおすすめです。

私は、本田宗一郎の本を読んだときに「技術は手段である」という言葉が概念を覆すくらいの学びにつながりました。

とりわけ難解な本や自伝や伝記を熟読する際には、自分に響いた言葉を残しておくようにしましょう。どれだけ心に刺さっても、メモがなければ忘れてしまうのですから。

尊敬する人の思考を学ぶ

対面でのインプットを読書につなげることもできます。

皆さんにもきっと、職場で尊敬する上司や同僚、または尊敬する経営者や有名人がいると思います。その人が読んでいたり、おすすめしていたりする本は、その人の思考や価値観を形作った要素です。彼らが読む本の内容や共感したポイントを知ることで、その人の思考パターンと価値観が理解できるようになります。

特に最近はインターネット上で、おすすめの本を紹介している著名人も増えてきました。

成果を出し続けている人は、必ず本を読んでいます。その人が読む本を経由して、自分にもその思考をインストールしましょう。

無関係・無関心の本をあえて読む

収入に直接つながりそうにない本や、自分には必要がないと思われる本を読むのもテクニックのひとつです。ここまで書いたことと矛盾しているように思えますが、自分の思考の幅を広げるためには必要なことです。

読書を続けていると、どうしても読む本が自分の興味や関心に関連したものに偏ってしまいがちです。

自分自身のテーマから一時的に離れて、あえて興味関心の外にある本を読むと、自分と異なる価値観に触れることができるようになります。

自分の関心事に関係がある読書だけが学びでありません。

「すべての経験、すべての読書を学びに変える力」を持つことが大切です。

読書の投資対効果チェック

読書はお金はもちろん、多くの時間を投資する学習法です。当然ながら知識、成長、成果というリターンが欲しいところです。

そこで、得られた効果を検証するために、次の点について月に1回程度チェックすることをおすすめします。

- 月次の読書時間
- 月次の読書以外のインプット時間
- 行動の変化とその量

・具体的な成果

大まかで構いませんので、半年間のログを取っておき振り返るといいでしょう。

なお、書籍購入費用については、生活に支障がきたすほど高額でなければあまり気にしなくても問題ありません。

実践を前提としている場合、読書の金銭面での費用対効果はたいていプラスになるものです。読書においては、お金よりも時間を中心に検証してください。

第7章

年収10倍を目指す必須図書20選

最後に、皆さんの稼ぐ力を高めるおすすめの本を20冊に厳選してご紹介します。

本は、自分が読みたいと思うものを選定することが基本です。ただ、「稼ぐため」に目的を絞って本を選ぶには、具体的な例を挙げた方がわかりやすいと考え、紹介することにしました。

私はこれまでに約2000冊の本を読んできましたが、ここに選んだのはそのうちの上位1％の図書です。左記の選定理由とあわせて、ぜひ参考にしてみてください。

思考のシフトが起きやすい内容の本

ノウハウ系、テクニック系のビジネス書は選定から外しました。そのようなテーマのものは、大きく内容の差がないので、書店でご自身が読みたいものを読めば、知識を収集するという目的は達成できます。年収を3倍以上にするためには考え方を根本的に変える必要があり、ここではその〝気づき〟を与えるものを選定しています。

繰り返し、何度も読むべき本

ここでは情報収集を目的にした本ではなく、私が時間をおいて繰り返し読んでいる本を選定しています。どれだけ成長しても、常に気づきを与えてくれる本です。ロングセラーのものが多いですが、長い期間、売れているということは、普遍的で本質的な内容が書かれているためです。

著者の重複を避ける

本は、著者独自の視点や世界観をもって書かれているものです。それぞれの本によって、情報、学び、読みやすさは変わりますが、前提となる考えにアンテナを張ると根本的な著者の考え方が理解できるものです。そのため、今回は、稼ぐ力につながる、著者の思考や世界観を学べる〝一冊〟に絞ってご紹介します。もし、一冊読んでよいと思えば、同じ著者の他の書籍を手に取ってみましょう。

ビジネススキルを身につけ、年収を2〜3倍にする

このカテゴリーではビジネススキルを根本的に高めるおすすめの本を紹介します。そもそもスキルの土台がしっかりしていないと成果は出ませんし、成長スピードが上がりません。まずは、これらの本から知識を得て、実践を繰り返していきましょう。

仕事のマインドセット

『完訳　7つの習慣』

（スティーブン・R・コヴィー著、キングベアー出版）

知っている方も多いと思いますが、王道の自己啓発書です。私自身も何度も読んでいます。「原理原則」とは、すべての要素に共通していることを指すと私は解釈しています。その原則が仕事、プライベートを含め網羅的に説明できている本は他にありません。文句なしの必読書です。

『選ばれるプロフェッショナル ―クライアントが本当に求めていること』

（ジャグディシュ・N・シース／アンドリュー・ソーベル著、英治出版）

元々は、コンサルタントや士業、セールスなど専門性の高い職業向けに書かれたものですが、職種に関係なく、クライアントに対する姿勢を学ぶことができます。「信頼」

という言葉をこれほど深く表現できている本は少ないと思います。稼げるようになるには、どの業種・職種にも「顧客視点」が必要不可欠です。本書で本物のプロフェショナルになるための思考を学んでください。

『嫌われる勇気――自己啓発の源流「アドラー」の教え』

（岸見一郎／古賀史健著、ダイヤモンド社）

言わずと知れた超ベストセラー本です。アドラーの目的論を物語形式で学ぶことができ、理解・共感もしやすい一冊です。自分の思考を自分がいかに決めているかを実感させられた本でした。このパラダイムシフトで救われた方、心理的に成長できた方も多いのではないでしょうか。続編も合わせて読みましょう。

コミュニケーション

『影響力の武器［第三版］なぜ、人は動かされるのか』

（ロバート・B・チャルディーニ著、誠信書房）

心理学を目的ベースで実用的に表現している本です。コミュニケーションの目的は、最終的には人を動かすことです。その影響がどの視点から発生し、何をすべきか、体系的に整理されています。稼ぐためには、「影響力」を持つことが欠かせないので、本書の内容を自分のチェックリストとして活用してください。

『セールス・アドバンテージ』

（D・カーネギー著、創元社）

著者の本は『人を動かす』の方が有名ですが、稼ぐためには、セールスに特化して書かれている本書の方をおすすめします。コミュニケーションを徹底的に研究、実践してきた著者の本質的なセールス論を学ぶことができます。

『チャレンジャー・セールス・モデル　成約に直結させる「指導」「適応」「支配」』

（マシュー・ディクソン／ブレント・アダムソン著、海と月社）

本書は、私が営業スキル関連の研修やコンサルティングで最も参考にした本です。信頼関係構築や問題解決といったセールスの常識を覆す概念を学ぶことができます。セールスとは「指導者」であるべきことに気づかされます。このポジションをとれるセールスがトップになれるということを立証しています。

思考スキル

『やわらかい頭の作り方：身の回りの見えない構造を解明する』（細谷功著、筑摩書房）

著者の本は「地頭力を鍛える」（東洋経済新報社）が有名ですが、どの著書も非常に高度な思考スキルをわかりやすくかつ本質的に書かれているのが特徴で、私はほとんどの本を読んでいます。特におすすめなのが、絵本作家のヨシタケシンスケさんとの共著である本書です。言葉とイラストで思考が本当にやわらかくなります。思考系の本が苦手な方にもおすすめです。

『イシューからはじめよ――知的生産の「シンプルな本質」』

（安宅和人、英治出版）

問題発見や課題設定、問いの重要性を訴えた本は多々ありますが、ビジネスの成果を基軸にするなら、本書の説明が最も論理的でわかりやすいと思います。私自身、本書でイシュー（問題）を見極める重要性と方法を学び、問題解決の概念を再整理できました。

『思考・論理・分析――「正しく考え、正しく分かること」の理論と実践』

（波頭亮著、産業能率大学出版部）

数あるロジカルシンキング本の中でも、本書が最も論理的な内容だと思っています。自分の論理を突き詰めたい方には特におすすめです。ロジカルシンキングを学んでいるときに、ＭＥＣＥ（ミーシー）でない自分の視点を本書から学ぶことできました。

『エッセンシャル思考　最少の時間で成果を最大にする』

（グレッグ・マキューン著、かんき出版）

タスクを絞り込むことの重要性を理解している人は多いものの、実践できている人はあまりいません。本書では、「絞り込むこと」がなぜ大切なのか、「具体的にどうすればいいのか」が整理されています。同時に時間の大切さにも気づくことができました。

『FACTFULNESS（ファクトフルネス）10の思い込みを乗り越え、データを基に世界を正しく見る習慣』

（ハンス・ロスリング／オーラ・ロスリング／アンナ・ロスリング・ロンランド著、日経BP）

この本も有名ですね。事実を数値的に把握する重要性や、「事実」を学ぶ前に、「人間の本能」を知ることが重要であることに気づかされます。また、大局的な視点を学べることから、次の稼ぐステップに進むためにも適した一冊になるでしょう。

マネジメントスキルで年収3〜6倍を達成する

プレイヤーとして優秀になり、1000万円以上の年収をさらに伸ばすためには、「マネジメント」にシフトする必要があります。ここでは、そうしたその視点・視座を学ぶことができる本を紹介します。

マネジメントや経営を理解することで事業や組織をつくりだすことに活用できます。読書の難易度は上がりますが、早い段階で学んでいただくことをおすすめします。

マネジメント・経営

『マネジメント［エッセンシャル版］――基本と原則』

（ピーター・F・ドラッカー著、ダイヤモンド社）

ドラッカーのファンの方は多いかもしれませんね。氏の著作は社会的な視点で書かれたものも少なくありませんが、その基本思想はこの一冊で十分に学ぶことができます。実用的かつ基本的なマネジメントが理解でき、マネジメントの入門書におすすめです。

『完全なる経営』

（アブラハム・マズロー著、日本経済新聞出版）

人、組織、経営の視点から統合的に理解できる本です。「欲求五段階説」「自己実現」で有名な心理学者ですが、著者は物事、状況を俯瞰する力が非常に高いと感じました。よくある経営学の本とは違った視点で書かれており、人間にフォーカスして経営を理解することができます。

『なぜ人と組織は変われないのか——ハーバード流 自己変革の理論と実践』

（ロバート・キーガン／リサ・ラスコウ・レイヒー著、英治出版）

成人発達理論をベースに組織開発を学ぶことができます。事例、具体的な方法もあるので分厚いですが、非常に読みやすいです。「なぜ行動しないのか」「なぜ変わらないのか」について、その理由を理解することができます。組織の視点がメインですが、個人の成長にも応用できる内容も多く書かれています。

『戦略サファリ 第2版——戦略マネジメント・コンプリート・ガイドブック』

（ヘンリー・ミンツバーグ／ブルース・アルストランド／ジョセフ・ランペル著、東洋経済新報社）

経営戦略はモデルや学派が様々に分かれますが、本書ではそれらを「スクール」という形式で俯瞰的に説明しています。マクロ、ミクロの両方の視点で戦略を理解する重要性を学ぶことができます。全体を捉えて、経営を理解することで、真新しさだけで戦略を立てることを避けて、本質的に内部戦略、外部戦略を描くことができるようになります。

『世界標準の経営理論』

（入山章栄著、ダイヤモンド社）

「経営学」は進化していることを学べた一冊です。最先端・世界標準の理論は、ここまで進んでいるということに気づかされます。リアルな学習の場にいる著者だから見えている視点を知ることができました。理論か実践かという二項対立から抜け、様々な観点から深く考えることの本質を学ぶことができます。

『ビジョナリー・ピープル』

（ジェリー・ポラス／スチュワート・エメリー／マーク・トンプソン著、英治出版）

有名なのは『ビジョナリー・カンパニー』の方ですが、本書をマネジメントのカテゴリーに入れたのは、経営やマネジメントで偉大な成果を出すためには「人の視点」で理解することが必要だからです。リーダーや経営者などあらゆる人の視点から、意義、思考、行動を学び、マネジメントに応用できる本です。

視座を高め、年収10倍を目指す

ここからは、かなり難易度が上がります。哲学、社会学、経済学などの本を個別に紹介してもなかなか専門性が高く、理解度、ニーズが分かれますので、今回は、視座を高めるきっかけになる包括的に社会や人を深く理解できるものに絞りました。これらの本をきっかけに難読書にも少しずつチャレンジしていきましょう。

社会・経済・哲学

『サピエンス全史（上）（下） 文明の構造と人類の幸福』
（ユヴァル・ノア・ハラリ著、河出書房新社）

メディアでも多数取り上げられた有名な本で、歴史から人類を俯瞰して理解することができます。想像もしたことのない視点で、人、社会、自然を捉えているので、どの章にも深い気づきがありました。

『哲学と宗教全史』
（出口治明著、ダイヤモンド社）

哲学、宗教の変遷を一冊にまとめているため、哲学や宗教の入門書として最適です。内容も読みやすいので、これから哲学や宗教、歴史について深めていきたい方にはおすすめです。

『万物の歴史』
（ケン・ウィルバー著、春秋社）

近年、ティール組織や成人発達理論が注目されていますが、その原型となる思想家です。「インテグラル理論」という独自の視点で、世界、自然、組織、社会、身体、心を統合的に説明しています。読了にかなりの時間を要したものの、哲学、思想、社会学、人間心理、スピリチュアルを学ぶきっかけになった本です。紹介した20冊の中では最も難易度が高い一冊です。

おわりに　――学びに終わりはない

ここまで「稼ぐ」ということにフォーカスした読書法をご紹介させていただきました。

皆さんはどこまでこの読書法をやり続けられる自信がありますか？

本当に年収が10倍になると思いますか？


それはあなた次第です。

この本でインプットしたことをどのように行動に転換するかが問われているのです。

読書をしているだけで年収が10倍になるわけではありません。

読書が知識になり、その知識を使って行動を変え、その行動が成果につながる。そうなってはじめて収入アップにつながるわけです。

その過程には、どうしても時間がかかります。それでも読書を続け、行動を変えていくことを止めない限り、確実に年収は上がっていくことでしょう。

読書はじわりじわりと自分の思考を形成していきます。

そのスピードは、お世辞にも速いとはいえないかもしれません。

ですから、すぐに収入アップを実感するのは難しいかもしれませんが、確実に未来の成果につながるのもまた事実です。ぜひ粘り強く、コツコツと継続するようにしてください。

皆さんの中には、読書のテクニックを期待して本書を手に取った方もいるかもしれません。しかし私は目先のテクニックをあまり重要視していません。

それよりも、読書に対する考え方や行動への転換の方が確実に成長につながる重要項目であると私は信じているのです。

さあ、まずは、自分で目標設定するところから始めましょう。

収入の目標でもいいですし、成果の目標でも構いません。自分の目標と向かい合う気持ちを高めるためには、納得できる目標の設定と達成の成功体験が必要です。

目標達成の成功体験を身につければ、次に設定した目標だって「できるはず！」と思えるようになるでしょう。

根拠なんていらない

実際、目標達成をし続けている人は、目標が達成できると思う理由に対して根拠を求めていません。

根拠を求めない方が、自分自身の決断や覚悟が自らの行動を変え、その行動がさらにその次の行動を引き起こす動機となって動き続けることが可能になるからです。

逆に目標を達成できない人は、できない理由に意識を向ける人です。まだスキルが足りない、読書の習慣ができていない、インプットする時間がない、そもそも経験がない……。このような思考では、成長できないのも当然でしょう。

皆さんには、ぜひ大きな目標に向かって行動を起こす人になっていただければと思います。

本書のタイトルでやや挑発的な「10倍」という目標基準を設定したのも、実はあなたの行動を促す意図があってのことでした。

通常は10倍などといえば大きすぎだと思われがちですが10倍を本気で目指すからこそ、2倍から3倍は確実に実行できるようになるのです。

まずはそのくらいの成功体験をぜひ実感してもらいたいと強く願っています。

読書は大事だが、読書がすべてではない

読書は非常に大事な学習習慣です。ただ一方で、「読書がすべてではない」ということもお伝えしておきたいと思います。

皆さんの日常生活・業務の中で、目の前に現れる状況や経験に学ぶ機会はたくさんあります。

日常の中からも常に学びを得られるよう、学びのアンテナを張り巡らせましょう。

その上で、読書から得た学びを活かし、日々の成長という目的をいかに実現するかを考えながら、行動を続けていくのです。

日々の学びが習慣化されれば行動がより良くなり、必ず成果につながっていくでしょう。


大きな成功を成し遂げている人で、全く読書をしないという人はいないはずです。

つまり「読書を本当の学びに変えられたかどうか」が、読書をして成功できる人とできない人との差といえるのではないでしょうか。

ぜひあなたには、「学び」を学びのままで終わらせない人になってほしいと思います。

結局、どのように生きていきたいか

読書から学び、学びから成果を得て、収入アップにつなげた先にぶつかる問いは、「収入をどこまで伸ばすか」ではありません。

「どのように自分自身が生きていきたいか」といったことでしょう。

でもご安心ください。その問いにヒントを与えてくれるのもまた読書です。

私自身、2000冊以上のビジネス書を読んできましたが、最終的に行き着いたのは哲学の本でした。

ビジネスで成果をもたらした知識やスキル、テクニックの多くはたしかにビジネス書に書かれています。

しかし、その背景にある著者の考え方や思いには、様々な哲学的な背景があるのではないかと感じるようになりました。そうしたことを読み解いていかないと、本当の意味で読書を自分の血肉にしていくのは難しいと考えたのです。

皆さんも長期的に学習を進めて、成果を出していけば、きっと哲学や学問にも興味が湧いてくるのではないかと思います。

私自身もまだまだ成長の途上にあります。

今後とも、チャレンジを、そして読書による学びを続けていきます。
皆さんも読書を通じて先人の知恵に学びながら、ぜひ収入アップと真の学びを実現してください。最後まで読んでいただきありがとうございました。

山本直人

2020年10月

■著者略歴
山本　直人（やまもと　なおと）
九州大学経済学部卒。北陸先端科学技術大学院大学知識科学修士。㈱USENで営業職として新卒入社するも成績は最下位、研修会社へ転職後も1年間売上ゼロだった。読書をメインにした学習と継続的な実践で成果を出せるようになる。その後、㈱ドリコムの営業部門立ち上げに参画し、初代営業MVPを獲得。27歳で事業部長に就任。2008年㈱エンターイノベーションを設立し、企業研修講師、経営コンサルタントとなる。読書をメインとした効率的なインプットと目的ベースのアウトプットで本質的かつ実用性の高いオリジナルの理論・メソッドを50コンテンツ以上開発。年間200回以上の研修、講演、コンサルティングを提供しつつ、複数社の役員として経営・プロジェクトにも携わる。これまでに読んだ本は2000冊以上で、収入は企業勤めの時期と比較し、10倍以上を達成している。
著書に『すぐ成果を出す人の仕事のやり方・考え方』（明日香出版社）がある。
YouTubeチャンネル『山本直人のOff-JTV』にて研修コンテンツを無料公開している。

本書の内容に関するお問い合わせは弊社HPからお願いいたします。

年収《ねんしゅう》が10倍《ばい》になる！すごい読書法《どくしょほう》

2020年　11月　28日　初版発行

著　者　山《やま》本《もと》直《なお》人《と》
発行者　石野栄一

〒112-0005 東京都文京区水道2-11-5
電話（03）5395-7650（代表）
（03）5395-7654（FAX）
郵便振替 00150-6-183481
https://www.asuka-g.co.jp

明日香出版社

■スタッフ■　BP事業部　久松圭祐／藤田知子／藤本さやか／田中裕也／朝倉優梨奈／竹中初音
BS事業部　渡辺久夫／奥本達哉／横尾一樹／関山美保子

印刷　株式会社文昇堂
製本　根本製本株式会社
ISBN 978-4-7569-2115-4 C0036

編集担当　田中裕也